介護サービス事業者
経営情報の報告義務化
対応ハンドブック

小濱道博・本島 傑 [共著]

日本法令

はじめに

　介護経営コンサルで介護施設を訪問した時の話題として、介護サービス事業者経営情報の報告義務化に関連する内容が多くなっています。また、会計事務所向けの研修も増えています。

　介護サービス事業者の7割近くが小規模事業所であるため、事務員がいない法人も多く存在しています。税理士が全面的にお任せされるかたちで、記帳代行を依頼されているケースも多いと思われますが、会計事務所が、介護保険制度に精通していることは希です。

　しかし、今回の改正介護保険法による経営情報の報告義務化は、介護サービス事業者による会計事務所の利用目的を大きく変える可能性があります。税務申告とともに、経営情報の提出のための資料作成を依頼する介護事業者が増えてくると考えられます。会計事務所も、新たな対応が迫られています。

　全国の介護サービス事業所数は、介護施設を含めると約25万事業所あります。1法人で複数の事業所を運営するケースも多いのですが、会計事務所の顧問先として、無視できない数であることは間違いありません。さらに、今回の経営情報報告の義務化の対象には、社会福祉法人も含まれます。これまで、社会福祉法人は税務申告がないために顧問先としての需要が未知数でしたが、今回の義務化によって、その規定概念を変える可能性もあるのです。

　この報告義務化を機に、介護サービスを提供する法人に対して、介護業界に特化してサービス提供を進める会計事務所も多くなると考えています。そのとき、介護サービスの種類の多さや、3年ごとに改正される介護保険制度に戸惑うこともあるでしょう。今回の経営情報の提出についても、介護サービスの種類などの知識がないと、判断がつかないことも出てきます。

　本書では、経営情報の提出義務化の解説と共に、介護サービス業界と法制度の遍歴についても解説を加えています。本書が、会計事務所の介護特化の一助となれば幸いです。

2024年11月
著者

CONTENTS

第1章　介護サービス事業者経営情報の報告義務化の内容

1　制度の趣旨　14
(1) 報告義務化の背景　14
(2) 介護事業経営実態調査の問題点を補完する　16

2　実施方法や報告単位はどのように定められているか　20
(1) 報告義務に関する規定　20
(2) 未報告の場合　21
(3) 報告しなくてもよいケース　21
(4) 報告すべき項目　21
(5) 報告の期限　23
(6) 報告対象サービス　23
(7) 報告の方法　26
(8) 公表の方法　26

第2章　介護サービス事業者の会計の区分

1　会計の区分は運営基準に定められたルール　30
2　趣旨　31
3　前提となる会計基準　31
4　本支店会計かつ部門別会計が求められる　32
(1)「本支店会計かつ部門別会計」とは　32
(2) 会計の区分は運営指導でも確認される　33
5　会計の処理方法　33
6　会計基準選択のポイント　36
7　按分基準　36

第3章　介護事業財務情報データベースシステムへの報告の実務

■ 第1節　介護事業財務情報データベースシステムの利用にはＧビズＩＤが必要 … 44
1　ＧビズＩＤプライムのアカウントを取得する　44
（1）オンラインで取得する方法　44
（2）書類を郵送して申請する方法　51
2　ＧビズＩＤは、多くの行政サービスで利用できる　56
3　システム環境　57
4　ＧビズＩＤ を使って外部委任することも可能　58

■ 第2節　報告しなければならない情報 …… 59
1　報告しなければならない経営情報の具体的な内容　59
（1）事業所または施設の名称、所在地その他の基本情報　59
（2）事業所または施設の収益および費用の内容　60
（3）事業所または施設の職員の職種別人数その他の人員に関する事項　62
（4）その他必要な事項　63

■ 第3節　システムへの報告フロー ………… 64
1　報告するデータの種類　64
2　報告単位について　65
（1）事業所単位で経営状況を管理している場合　65
（2）拠点単位および事業所単位で経営状況を管理している場合　66
（3）法人単位で経営状況を管理している場合　67
3　システムへの報告方法　68
（1）損益計算書等データの登録方法　68
（2）損益計算書等データの手入力および登録内容の確認・編集　70
（3）届出対象事業所データの登録方法　71
（4）届出対象事業所データの手入力および登録した情報の確認　72

第4章　介護サービス事業者経営情報の報告に関するQ&A

1　報告の対象に関するQ&A　74
- Q1：すべての介護サービス事業所と施設が経営情報の報告の対象となりますか？　74
- Q2：調剤薬局を営んでいて、居宅療養管理指導の介護サービスを提供している場合も報告義務の対象に含まれますか？　75
- Q3：当院は保険医療機関で、介護保険法による医療系サービスの事業者として「みなし指定」を受けています。「みなし指定」を受けている事業者の場合も、報告義務の対象に含まれますか？　76
- Q4：「廃止」となった事業所も経営情報の報告が必要ですか？　77

2　報告の実務に関するQ&A　77
- Q5：GビズIDプライムのアカウントを既に持っている場合でも、介護事業財務情報データベースシステムを利用する場合、新たなアカウントの取得が必要ですか？　77
- Q6：報告単位として、法人内のサービス種類ごとに分けて報告することはできますか？　78
- Q7：介護サービスと介護予防・日常生活支援総合事業（以下、「総合事業」という）の両方を提供している場合の報告単位はどうなりますか？　78
- Q8：介護サービス以外に医療・障害福祉サービスを提供している場合の報告単位はどうなりますか？　79
- Q9：事業所Aと事業所Bが同一拠点に属している場合、どのように報告すればよいですか？　79
- Q10：法人単位でまとめて報告する場合、都道府県単位で報告が必要なのでしょうか？　79
- Q11：報告の方法が2通り用意されていますが、どちらを選べばよいのでしょうか？　80
- Q12：報告後にデータの誤りが判明した場合、修正することはできますか？　80
- Q13：勘定科目の数字が0円の場合、入力を省略できますか？　80
- Q14：介護事業経営実態調査と今回の報告義務で報告項目が異なります。実態調査の報告でまとめて記載していたものは、どのよう

　　　　に整合性をとればよいですか？　81
　Q15：職種別人数については、いつの時点で集計すればよいでしょうか？　82
　Q16：特定の収益または費用の内容で、介護サービスと介護サービス以外に収益および費用を分けられない場合の報告はどうすればよいですか？　82
　Q17：「内部取引」に当たる金額が含まれる場合、「消去前」「消去後」のどちらの金額を計算すればよいですか？　82
3　報告期限に関するQ&A　83
　Q18：当法人では決算後に法令等により定められている会計監査を行います。その承認のために「決算終了後3月以内」の提出期間に間に合わない場合、どうすればよいでしょうか？　83
　Q19：2024年度の報告については、2023年度分のデータを報告するのでしょうか？　83
　Q20：2024年3月から2024年12月までに会計年度が終了する場合は、2025年3月31日までに報告することとされていますが、事業年度が1月決算の事業所や2月決算の事業所の報告期日はどうなりますか？　84

第5章　介護事業の経営計画

■ 第1節　経営計画書の基本 …………………… 86
1　経営計画書の作成を阻むもの　86
2　経営計画書の目的　86
　(1) 経営理念を実現するため　86
　(2) 経営のものさしを確立するため　87
　(3) 社外の関係者から協力を得るため　88
3　経営計画の全体像　89
4　経営計画書作成のステップ　91

■ 第2節　数値計画の作り方 …………………… 92

1 目標利益額を決める 92
 (1) 数値計画は売上から決めてはいけない 92
 (2) 目標利益額の設定方法 93
 (3) 目標利益額は経営者の意思 94
2 目標売上高を決める 94
3 固定費を決める 96
4 収支計画に落とし込む 97

■第3節　ビジョンの作り方 99
1 数値計画とビジョンの関係 99
2 「四方善し」でビジョンを考える 99
3 ビジョンを浸透させる 100

■第4節　経営戦略・事業戦術の作り方 101
1 経営戦略の考え方 101
2 SWOT分析で戦略を明確にする 102
3 経営戦略を事業戦術に落とし込む 104

■第5節　経営計画書の活用 106

第6章　介護保険制度の特徴とその遍歴

■第1節　介護サービス事業所を取り巻く現状 108
1 高齢化の拡大 108
2 高齢者世帯の増加 109
3 「人材」の確保が課題 109

■第2節　介護事業の現状と特徴 111

1 介護事業と一般事業の違い 111
　(1) 在庫リスクがない！ 111
　(2) 貸倒れリスクがない！ 111
　(3) 低リピート率問題がない！ 111
　(4) 季節変動リスクがない！ 112
2 介護保険制度の仕組み 112
　(1) 介護保険法施行前後で何が変わったか 112
　(2) 介護保険は「共助」 112
　(3) 介護保険の費用負担 113
3 介護業界の矛盾と市場原理 115
　(1) 要介護度と区分支給限度額 115
　(2) 介護保険の矛盾について 115
　(3) 自然淘汰の市場原理 115
4 介護事業のコンビニ化と進む二極化 116
　(1) 介護事業のコンビニ化 116
　(2) 進む介護経営の二極化 116
5 介護サービス事業者にとってのリスク 116
　(1) ローカルリスク 116
　(2) コンプライアンス・リスク 117
　(3) 税務調査～源泉所得税 118
　(4) 制度改正のリスク 119

■ 第3節　制度としての介護保険の特徴 120
1 介護保険と医療保険の制度の違い 120
　(1) 大きな違いは報酬制度 120
　(2) 介護は日常的に利用、医療は病気のときに利用 120
　(3) ケアマネージャーと医師 120
　(4) 医療から介護への参入の増加 121
2 介護サービス利用の流れ 121
3 ケアマネジメントプロセス 123
　(1) ケアマネジメントプロセスの流れ 123
　(2) 訪問介護でのプロセス事例 123
4 記録主義の介護行政 124

(1) 「記録」の作成が必須　124
　(2) 記録書類の保管義務　125
5　個人情報保護　125
　(1) 個人情報の範囲　125
　(2) 個人情報利用の同意書　125
　(3) 書類の保管　126
　(4) 職員から誓約書を取る　126
　(5) インターネットセキュリティ　126
6　許可（指定）申請などの諸手続き　127
　(1) 許可（指定）申請の流れ　127
　(2) 事業所番号交付までの時間　127
　(3) 事業所番号取得後の手続き　128
　(4) 介護タクシーの申請　128
7　生活保護　128
　(1) 市町村が1割負担分を支給　128
　(2) 介護券　129
8　負担限度額　129

■第4節　介護保険法施行から現在までの流れ……131

1　介護保険法成立から介護報酬削減まで　131
　(1) 介護保険法成立まで　132
　(2) 走りながら考える制度の構築　133
2　営利法人の参入と自由経済市場への転換　133
　(1) 措置時代の介護サービス　133
　(2) 保護市場から自由経済市場に　134
3　「施設から在宅へ」の流れ　135
4　主なサービスと改正の影響　135
　(1) 通所介護　135
　(2) 訪問介護　136
　(3) 小規模多機能型居宅介護　137
　(4) 定期巡回随時対応型訪問介護看護　138
　(5) 注目される保険外サービスと共生型サービス　139

第7章 2021年度介護報酬改定～事業者間の収入格差の二極化が拡大

■ 第1節　2021年度介護報酬改定のポイント … 142
1　0.7%のプラス改定　142
2　サービス提供体制強化加算の厳格化　143
3　5つの論点　144
　(1) 業務継続計画（BCP）の作成の義務化　144
　(2) LIFEデータベースによる科学的介護の推進　145

■ 第2節　論点ごとに見る見直しの詳細 ….. 148
1　感染症や災害への対応力強化　148
　(1) 感染症対策の強化　148
　(2) 業務継続に向けた取組みの強化　149
　(3) 災害への地域と連携した対応の強化　149
　(4) 通所介護等の事業所規模別の報酬等に関する対応　149
2　地域包括ケアシステムの推進　150
　(1) 認知症対応力向上に向けた取組みの推進　150
　(2) 看取りへの対応の充実　151
　(3) 医療と介護の連携の推進　151
　(4) 在宅サービスの機能と連携の強化　152
　(5) 介護保険施設や高齢者住まいにおける対応の強化　153
　(6) ケアマネジメントの質の向上と公正中立性の確保　153
　(7) 地域の特性に応じたサービスの確保　154
3　自立支援・重度化防止の推進　156
　(1) リハビリテーション・機能訓練、口腔、栄養の取組みの連携・強化　156
　(2) 介護サービスの質の評価と科学的介護の取組みの推進　158
　(3) 寝たきり防止等、重度化防止の取組みの推進　159
4　介護人材の確保・介護現場の革新　160
　(1) 介護職員の処遇改善や職場環境の改善に向けた取組みの推進　160
　(2) テクノロジーの活用や人員・運営基準の緩和を通じた業務効率化・業務負担軽減の推進　161

5　制度の安定性・持続可能性の確保　164
(1) 区分支給限度基準額の計算方法の一部見直し　164
(2) 訪問看護のリハビリテーションの評価・提供回数等の見直し　164
(3) 長期間利用の介護予防リハビリテーションの評価の見直し　164
(4) 居宅療養管理指導の居住場所に応じた評価の見直し　165
(5) 介護療養型医療施設の基本報酬の見直し　165
(6) 介護職員処遇改善加算（Ⅳ）（Ⅴ）の廃止　165
(7) 生活援助の訪問回数が多い利用者等のケアプランの検証　165
(8) サ高住等における適正なサービス提供の確保　165

6　その他の事項　166
(1) 介護保険施設におけるリスクマネジメントの強化　166
(2) 高齢者虐待防止の推進　166
(3) 基準費用額（食費）の見直し　166

第8章　激動の2024年度介護報酬改定～メリハリの改定により同一サービス内の二極化が進む

■第1節　2024年度介護報酬改定のポイント … 168

1　「改定率1.59％」の実情　168
(1) 訪問介護では基本報酬が2％以上のマイナス　168
(2) 実質的なプラスは0.61％　168

2　各種加算の上位区分新設によるメリハリの改定　170

3　生産性向上への取組みが必須　170

4　介護職員等処遇改善加算と職場環境等要件の見直し　171
(1) 3つの加算を一本化　171
(2) 新加算を算定するための要件　173

5　2021年度介護報酬改定の経過措置終了による減算　175

6　多床室料の自己負担化が現実に　176

■ 第2節　サービス類型ごとの改定のポイント …………………………… 178

1　居宅系サービス　179
（1）改定率　179
（2）最大のマイナスとなった定期巡回サービス　180
（3）居宅介護支援事業所は増収増益に　181
（4）ターミナルケアマネジメント加算等の見直し　181

2　通所系サービス（通所介護・地域密着型通所介護・認知症対応型通所介護・通所リハビリテーション）　182
（1）改定率　182
（2）通所介護（デイサービス）　182
（3）通所リハビリテーション（デイケア）　184
（4）通所サービスにおける送迎に係る取扱いの明確化　185

5　施設系サービス　185
（1）改定率　185
（2）新興感染症対策　186
（3）医療と介護の連携の推進　186
（4）透析が必要な者に対する送迎の評価の創設　187
（5）認知症短期集中リハビリテーション実施加算の見直し　187

第9章　次期改定を見据えて介護サービス事業者が取り組むべきこと

■ 第1節　新LIFEのスタートで増したフィードバックの重要性への対応 …………… 190

■ 第2節　「介護保険施設等に対する監査マニュアル」発出により急増する運営指導対策 …………… 191

目　次　*11*

■ 第3節　重要度を増す加算算定とICT化への対応 ……………………………………… 192

1　加算算定の重要性　192
　(1)「加算を算定することは儲け主義」の時代は終わった　192
　(2)職員の負担軽減と一体的に加算算定に取り組む必要がある　192

2　介護DXについていけない事業所が淘汰される懸念　193

参考資料　報告すべき事業所又は施設の収益及び費用の内容と各会計基準上の勘定科目との対応関係の一覧（令和6年8月2日老認発0802第1号、老高発0802第1号、老老発0802第2号別紙2より）

1　社会福祉法人会計基準　195
2　病院会計準則及び医療法人会計基準　199
3　介護老人保健施設会計・経理準則及び介護医療院会計・経理準則　202
4　指定老人訪問看護の事業及び指定訪問看護の事業の会計経理準則　205
5　NPO法人会計基準　208
6　指定介護老人福祉施設等会計処理等取扱指導指針　212
7　その他（企業会計原則、公益法人会計基準　等）　215
8　介護サービス事業者経営情報の報告等に関するシステムに係る各種情報　219

購入者特典セミナー動画のご案内

　厚生労働省の「介護事業財務情報データベースシステム」に関する報告実務の最新情報などを解説するセミナー動画をご視聴になれます。ライブ配信、録画配信いずれの方法でもご視聴いただくことができますので、お好みの方法を選んで下記URLよりご視聴ください。オンラインセミナー動画のご視聴方法は巻末でご案内しております。

●ライブ配信日時：2024年12月24日（火）14:00～16:00
　　　　　　　　※アーカイブ配信のご視聴は12月25日（水）正午以降可能となります。
●講師：小濱道博
●カリキュラム：経営情報の提出義務化　GビズIDアカウント　厚生労働省Q&Aの解説
　　　　　　　　運営マニュアルのポイント　操作マニュアルのポイント

【ライブ配信視聴登録】
https://us02web.zoom.us/webinar/register/WN_2cSIRRalTP27-k2HYDE7mw
※ライブ配信のご視聴可能時間は上記日時のみとなります。
※本書の巻末に記載されているウェビナーIDとパスコードを入力してご登録ください。

【録画配信】
https://www.sv-web.jp/shoseki_top/#357
※本書の巻末に記載されているID・パスワードを入力してご視聴ください。

第1章
介護サービス事業者経営情報の報告義務化の内容

① 制度の趣旨

(1) 報告義務化の背景

　介護サービス事業者経営情報の報告義務化は、2023年5月12日の通常国会で成立した改正介護保険法において定められました。これによって、すべての介護サービス事業者が経営情報を都道府県知事に報告すること義務化されたのです。

　国は今、2040年問題対策にシフトしています。今後さらに人口動態等が変化し、特に85歳以上の高齢者がこれから急増するためです。

　2040年問題の本質は、いわゆる団塊ジュニア世代が65歳を迎えることではありません。高齢者を65歳と定義する場合、その伸びは2025年をピークとして安定成長に入りますが、85歳以上の高齢者人口はその後も伸び続け、2030年代後半には1,000万人を超えます。

　『高齢社会対策大綱』（2024年9月13日閣議決定）には、次のように示されています。

　我が国の高齢化率（総人口に占める65歳以上人口の割合）は年々上昇し、2023年（令和5年）時点では29.1％となっている。2025年（令和7年）には「団塊の世代」が75歳以上となり、また2030年代後半には85歳以上人口が初めて1,000万人を超え、2040年（令和22年）には「団塊ジュニア世代」が65歳以上となる。65歳以上人口は2040年代前半でピークを迎えると推計されている。それ以降、65歳以上人口は減少に転じるものの、少子化の影響等により高齢化率は引き続き上昇を続け、2070年（令和52年）には38.7％に達すると見込まれている。

　高齢化率の上昇に伴い、生産年齢人口は2040年（令和22年）までに約1,200万人減少することが見込まれており、労働力不足や経済規模の縮小等の影響が懸念されるとともに、地域社会の担い手の不足や高齢化も懸念される。

▶ 図表 1 - 1　今後の人口の見通しについて

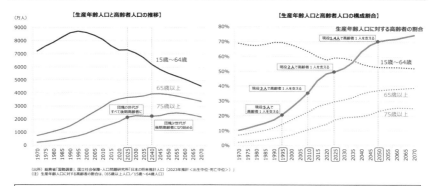

出典：財政制度等審議会財政制度分科会（2024年 4 月16日開催）資料

　また、生産年齢人口の減少によって労働人口が減少していきます。その結果、介護現場はさらなる人材不足となり、2040年には57万人の不足が見込まれています。この問題は待ったなしで加速し続けます（次ページ**図表 1 - 2** 参照）。

　地方の介護施設では職員の確保が絶望的な状況となっていて、既にやむを得ず届け出る利用者の定員数を減らして確保できる職員数に合わせざるを得ないケースも出始めています。

　上記の問題に加え、コロナ禍のような新しい感染症が出てくる可能性や昨今の物価上昇、各地で発生する大規模な自然災害への対応も問題となっており、介護業界は激変が続いています。しかも、介護保険制度の持続可能性も問題となってきています。

▶ **図表1-2　第9期介護保険事業計画に基づく介護職員の必要数について**

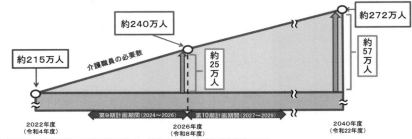

出典：厚生労働省「第9期介護保険事業計画に基づく介護職員の必要数について」

(2) 介護事業経営実態調査の問題点を補完する

　こうした影響を踏まえて適切な支援を行うため、国は3年に1回のペースで、介護事業経営実態調査を行っています。3年ごとに実施する理由は、介護報酬の改定のエビデンスの一つとするためです。しかし、ランダムに介護サービス事業者に調査票を送り回答してもらうサンプル調査で、返信は任意となっているため、2023年度調査における有効回答率は48.5％（調査客体数3万3,177件、有効回答数1万6,008件）となっています。しかも、回答している事業所のほとんどが、事務員がいる中・大規模事業所に偏っていると考えられます。事業者の7割は経営者自らが現場に入りっぱなしの小規模事業者だといわれる介護業界で、小規模事業者は業務に手一杯で回答する時間が取れないのが現実だからです。

　実際、2024年介護報酬改定において訪問介護の基本報酬がマイナス2.27％と介護報酬が引き下げられ業界に激震が走っています。引下げの

理由は、2023年度調査において訪問介護の収支差率が7.8%と業界平均値の2.4%の約3倍となり、儲かっていると判断されたからでした。全国に約3万5,000事業所ある訪問介護事業所のうち、今回の調査で対象となったのは3,105事業所、回答したのは1,311事業所と全体の4％にも満たない数ですが、その結果をもとに引下げが決定されました。

　東京商工リサーチの2024年上半期（1－10月）調査によれば、介護サービス事業者の倒産件数は145件で、介護保険法が施行された2000年以降、最多件数を更新しました。サービス種別では、「訪問介護」が72件（年間最多2023年67件）と最多です。廃業件数も、過去最大であると推計されます。

　この偏り問題を補完する必要があるということで、2023年の介護保険法改正において、介護サービス事業者の経営情報の報告が義務化されました。

▶ 図表1-3　令和5年度介護事業経営実態調査結果

サービス種類	調査客体数(A)	有効回答数(B)	有効回答率(B)/(A)
介護老人福祉施設	2,159	1,427	66.1%
介護老人保健施設	1,191	611	51.3%
介護医療院	664	311	46.8%
訪問介護	3,105	1,311	42.2%
訪問入浴介護	803	431	53.7%
訪問看護	1,199	604	50.4%
訪問リハビリテーション	2,318	847	36.5%
通所介護	2,241	1,205	53.8%
通所リハビリテーション	1,460	620	42.5%
短期入所生活介護	1,441	784	54.4%
特定施設入居者生活介護	1,400	625	44.6%
福祉用具貸与	3,219	1,242	38.6%
居宅介護支援	1,727	781	45.2%
定期巡回・随時対応型訪問介護看護	965	483	50.1%
※ 夜間対応型訪問介護	155	77	49.7%
地域密着型通所介護	1,653	647	39.1%
認知症対応型通所介護	1,392	744	53.4%
小規模多機能型居宅介護	2,634	1,348	51.2%
認知症対応型共同生活介護	1,199	584	48.7%
地域密着型特定施設入居者生活介護	329	181	55.0%
地域密着型介護老人福祉施設	1,192	742	62.2%
看護小規模多機能型居宅介護	731	403	55.1%
合計	33,177	16,008	48.3%

注：サービス名に「※」のあるサービスについては、集計施設・事業所数が少なく、集計結果に個々のデータが大きく影響していると考えられるため、参考数値として公表している。

出典：厚生労働省「令和5年度介護事業経営実態調査結果」

▶ **図表 1-4　令和 5 年度介護事業経営実態調査結果の概要**

各介護サービスにおける収支差率

※括弧なしは、税引前収支差率(コロナ関連補助金及び物価高騰対策関連補助金を含まない)
　< 　>内は、税引前収支差率(コロナ関連補助金及び物価高騰対策関連補助金を含む)
　(　)内は、税引後収支差率(コロナ関連補助金及び物価高騰対策関連補助金を含む)
※物価高騰対策関連補助金は令和3年度決算には含まれない

サービスの種類	令和4年度概況調査 令和3年度決算	令和5年度実態調査 令和4年度決算	対3年度増減	サービスの種類	令和4年度概況調査 令和3年度決算	令和5年度実態調査 令和4年度決算	対3年度増減
施設サービス				福祉用具貸与	3.4% 〈3.4%〉 (2.6%)	6.4% 〈6.4%〉 (4.8%)	+3.0% 〈+3.0%〉 (+2.2%)
介護老人福祉施設	1.2% 〈1.3%〉 (1.3%)	▲1.0% 〈0.1%〉 (0.1%)	▲2.2% 〈▲1.2%〉 (▲1.2%)	居宅介護支援	3.7% 〈4.0%〉 (3.1%)	4.9% 〈5.1%〉 (4.6%)	+1.2% 〈+1.1%〉 (+1.5%)
介護老人保健施設	1.5% 〈1.9%〉 (1.3%)	▲1.1% 〈0.8%〉 (▲0.6%)	▲2.6% 〈▲1.1%〉 (▲1.9%)	地域密着型サービス		
介護医療院	5.2% 〈5.8%〉 (5.3%)	0.4% 〈1.7%〉 (1.2%)	▲4.8% 〈▲4.1%〉 (▲4.1%)	定期巡回・随時対応型訪問介護看護	8.1% 〈8.2%〉 (7.8%)	11.0% 〈11.2%〉 (10.7%)	+2.9% 〈+3.0%〉 (+2.9%)
居宅サービス				夜間対応型訪問介護※	3.8% 〈3.8%〉 (3.3%)	9.9% 〈10.0%〉 (9.1%)	+6.1% 〈+6.2%〉 (+5.8%)
訪問介護	5.8% 〈6.1%〉 (5.5%)	7.8% 〈8.1%〉 (7.7%)	+2.0% 〈+2.0%〉 (+2.2%)	地域密着型通所介護	3.1% 〈3.4%〉 (3.1%)	3.6% 〈3.9%〉 (3.7%)	+0.5% 〈+0.5%〉 (+0.6%)
訪問入浴介護	3.6% 〈3.7%〉 (2.5%)	3.0% 〈3.1%〉 (2.2%)	▲0.6% 〈▲0.6%〉 (▲0.3%)	認知症対応型通所介護	4.3% 〈4.4%〉 (3.1%)	4.3% 〈4.7%〉 (3.4%)	0.0% 〈+0.3%〉 (+0.3%)
訪問看護	7.2% 〈7.6%〉 (7.1%)	5.9% 〈6.2%〉 (5.8%)	▲1.3% 〈▲1.4%〉 (▲1.3%)	小規模多機能型居宅介護	4.6% 〈4.7%〉 (4.5%)	3.5% 〈3.9%〉 (3.6%)	▲1.1% 〈▲0.8%〉 (▲0.9%)
訪問リハビリテーション	▲0.4% 〈0.6%〉 (0.2%)	9.1% 〈10.3%〉 (9.9%)	+9.5% 〈+9.7%〉 (+9.7%)	認知症対応型共同生活介護	4.8% 〈4.9%〉 (4.6%)	3.5% 〈3.9%〉 (3.6%)	▲1.3% 〈▲1.0%〉 (▲1.0%)
通所介護	0.7% 〈1.0%〉 (0.7%)	1.5% 〈1.8%〉 (1.4%)	+0.8% 〈+0.8%〉 (+0.7%)	地域密着型特定施設入居者生活介護	2.8% 〈3.0%〉 (2.6%)	1.9% 〈2.4%〉 (2.0%)	▲0.9% 〈▲0.6%〉 (▲0.6%)
通所リハビリテーション	▲0.3% 〈0.5%〉 (0.2%)	1.8% 〈2.8%〉 (2.5%)	+2.1% 〈+2.3%〉 (+2.3%)	地域密着型介護老人福祉施設	1.1% 〈1.2%〉 (1.2%)	▲1.1% 〈▲0.4%〉 (▲0.4%)	▲2.2% 〈▲1.6%〉 (▲1.6%)
短期入所生活介護	3.2% 〈3.3%〉 (3.3%)	2.6% 〈3.3%〉 (3.2%)	▲0.6% 〈0.0%〉 (▲0.1%)	看護小規模多機能型居宅介護	4.4% 〈4.6%〉 (4.2%)	4.5% 〈4.7%〉 (4.2%)	+0.1% 〈+0.1%〉 (0.0%)
特定施設入居者生活介護	3.9% 〈4.0%〉 (3.8%)	2.9% 〈3.0%〉 (2.9%)	▲1.0% 〈▲1.0%〉 (▲0.9%)	全サービス平均	2.8% 〈3.0%〉 (2.6%)	2.4% 〈3.0%〉 (2.6%)	▲0.4% 〈0.0%〉 (0.0%)

- 収支差率 ＝（介護サービスの収入額 － 介護サービスの支出額）／ 介護サービスの収入額
- 「介護サービスの収入額」…介護報酬による収入（利用者負担分含む）、保険外利用料収入、補助金収入（コロナ関連補助金及び物価高騰対策関連補助金を除く）の合計額。
  ※「コロナ関連補助金及び物価高騰対策関連補助金を含む」については、上記の介護サービス収入額に、コロナ関連補助金及び物価高騰対策関連補助金を加えたもの
- 「介護サービスの支出額」…介護事業費用、借入金利息及び本部費繰入の合計額。
  ※「本部費繰入」は、各事業所に共通する人事労務経理に係る経費に充てられるものであり、介護サービスの支出額に含めている。
  なお、社会福祉法人会計基準上本部費繰入は「特別損失」とされているが、企業会計等における「特別損失」とは意味合いが異なる。

注1：サービス名に「※」のあるサービスについては、集計施設・事業所数が少なく、集計結果に個々のデータが大きく影響していると考えられるため、参考数値として公表している。
注2：全サービス平均の収支差率については、総費用額に対するサービス毎の費用額の構成比に基づいて算出した加重平均値である。

出典：厚生労働省「令和5年度介護事業経営実態調査結果の概要」

② 実施方法や報告単位はどのように定められているか

(1) 報告義務に関する規定

　介護サービス事業者経営情報の報告義務化は、改正介護保険法（令和5年法律第31号）第115条の44の2の第2項に規定されました。

> **第11節　介護サービス事業者経営情報の調査及び分析等**
>
> 第115条の44の2　都道府県知事は、地域において必要とされる介護サービスの確保のため、当該都道府県の区域内に介護サービスを提供する事業所又は施設を有する介護サービス事業者（厚生労働省令で定める者を除く。以下この条において同じ。）の当該事業所又は施設ごとの収益及び費用その他の厚生労働省令で定める事項（次項及び第3項において「介護サービス事業者経営情報」という。）について、調査及び分析を行い、その内容を公表するよう努めるものとする。
>
> 2　介護サービス事業者は、厚生労働省令で定めるところにより、介護サービス事業者経営情報を、当該事業所又は施設の所在地を管轄する都道府県知事に報告しなければならない。
>
> （中略）
>
> 6　都道府県知事は、介護サービス事業者が第2項の規定による報告をせず、又は虚偽の報告をしたときは、期間を定めて、当該介護サービス事業者に対し、その報告を行い、又はその報告の内容を是正することを命ずることができる。
>
> （中略）
>
> 8　都道府県知事は、指定居宅サービス事業者若しくは指定介護予防サービス事業者又は指定介護老人福祉施設、介護老人保健施設若しくは介護医療院の開設者が第6項の規定による命令に従わないときは、当該指定居宅サービス事業者、指定介護予防サービス事業者若しくは指定介護老人福祉施設の指定若しくは介護老人保健施設若しくは介護医療院の許可を取り消し、又は期間を定めてその指定若しくは許可の全部若しくは一部の効力を停止することができる。
>
> （以下省略）

(2) 未報告の場合

　介護サービス事業者が期日までに報告を行わなかった場合、都道府県知事が期間を定めて報告することを命ずることができると、第6項に規定されています。命令は軽微な行政処分です。

　命令後も報告を拒んだ場合の処置は第8項に規定されており、指定の取消し、業務停止処分にできるとされています。

　財務諸表を出さないだけで指定の取消しなどにはならないと感じる方が多いかもしれません。これは、「経営情報を報告しないから取消し」ではなく、「命令」という行政処分をされても従わないのは悪質であるから取消処分も致し方ない、という意味です。報告しないという選択肢はない、ということです。

(3) 報告しなくてもよいケース

　報告しなくてもよいケースは2つあります。

　1つは、1年間の収入が100万円以下の場合です。長期間休業状態であったり決算月ギリギリに許可（指定）を受けて稼働日数が少なかったりする場合や、みなし指定を受けていて稼働率が少ない場合などが該当するでしょう。もう1つは、自然災害に被災して報告できない場合です。この2つが特例として示されました。ほとんどの事業所は報告しなければいけないということです。

(4) 報告すべき項目

　では、何を報告することになるのでしょうか。

　まず、税務署に提出している決算書を報告するわけではなく、事業所別の収支を報告することが求められました。介護サービス事業者は、いわゆる運営基準において、会計の区分による経理をしなければならないと規定されています（詳細は**第2章**参照）。会計の区分では、拠点ごと、事業所ごとに経理を分けることが求められています。そのため、事業所ごとに収支データを作っているはずです。報告するのは、次の4つです。

> ① 事業所施設ごとの名前、名称、所在地、法人番号、消費税の区分、経理方法、事業所番号等の基本情報
> ② 事業所、施設ごとの収益と費用の内容
> ③ 職員の職種別人数の報告
> ④ その他必要な事項

　②は、端的に言うと、事業所ごとの収支計算書を報告することになります。ただし、収支計算書をそのまま報告するのではなく、集約したものになります。損益計算書などで集計された勘定科目を、指定された報告区分に集計して報告します。

　今回、基本的に国が求めているのは営業利益までです。経常利益は、任意とされています。最低限提出すべき区分は、収益、給料費、業務委託費、減価償却費、水道光熱費、その他経費の6つと、とても大雑把です。損益計算書上で細かく勘定科目を分けていたら、それぞれの区分に分類して、合算して報告することが必要です。また、任意で報告を求めている内訳区分もあります。この報告の選択肢に対して、どのように対処するかも課題でしょう。

　③の職員の職種別人数は、例えばデイサービスですと、管理者1名、生活相談員1名、看護職員1名、介護職員3名、機能訓練指導員1名というように、決算年度の初日の属する月に在籍した職員数を報告します。

　④としては、併設サービスの有無や医業や障害福祉事業の兼業の有無を報告します。医業や障害福祉事業の兼業がある場合には、任意項目として、医業収益や障害福祉事業の収益などを報告します。基本的には事業所ごとのデータを報告しますが、医療と併設していたり障害事業所と併設していたり、やむを得ない理由などで経理を分けてない場合には、特例として、そのまま合算した状態での報告が認められています。このような場合には、可能な限り医療の収入、障害の収入を別に記載してください、とされています。

　この4つを、基本的には事業所ごとに、やむを得ない場合は法人単位

で報告することになります。

(5) 報告の期限

　報告期限は、各会計年度終了後3月以内、とされました。ただし初年度については2024度末まで、すなわち2025年1月から3月の間で報告します。2024年度内に実施する報告は、会計年度が2024年3月31日から同年12月31日までに終了する決算分です（次ページ**図表1-5**参考）。

　すなわち、2023年4月から2024年3月までの決算期のデータを2025年1月から3月までに報告します。ここで問題となるのは、会計事務所にとっては、年末調整合計表や償却資産税の提出時期から始まり、2月からの確定申告時期と重なる超繁忙期であることです。この期間に、どこまで対応できるかが課題となります。

　そのため、早い段階で会計事務所サイドが提出に関する情報を入手して準備を進めていくことが重要となります。

(6) 報告対象サービス

　基本的に下記①～㉟のすべての介護サービス事業所が報告対象となります。報告しなくてもよいのは、居宅療養管理指導、養護老人ホーム、介護予防支援、介護予防ケアマネジメントです。病院や介護老人保健施設が取得するみなし指定（みなし指定の詳細は**第4章Q3**参照）の事業所も、報告が必要です。

---

① 訪問介護
② 訪問入浴介護
③ 訪問看護
④ 訪問リハビリテーション
⑤ 通所介護、通所リハビリテーション
⑥ 短期入所生活介護
⑦ 短期入所療養介護（介護保険法施行規則第14条第4号に掲げる診療所に係るものを除く）

▶ **図表 1-5　介護サービス事業者の経営情報の調査および分析等**

（参考1）令和6年度の報告（初年度報告）の流れ

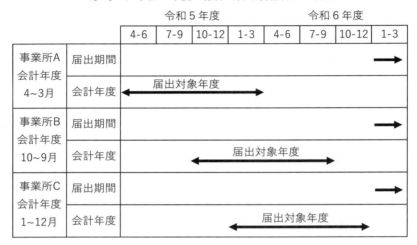

（参考2）令和7年度以降の報告の流れ（以下は令和7年度の例）

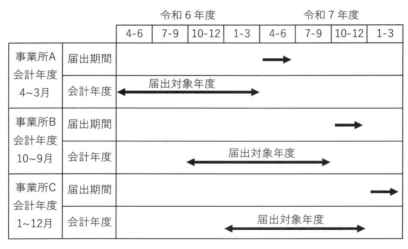

出典：厚生労働省「介護保険法第115条の44の2の規定に基づく介護サービス事業者経営情報の調査及び分析等に関する制度に係る実施上の留意事項について」
（令和6年8月2日老認発0802第1号、老高発0802第1号、老老発0802第2号）

⑧ 特定施設入居者生活介護（養護老人ホームに係るものを除く）
⑨ 福祉用具貸与
⑩ 特定福祉用具販売
⑪ 定期巡回・随時対応型訪問介護看護
⑫ 夜間対応型訪問介護
⑬ 地域密着型通所介護
⑭ 認知症対応型通所介護
⑮ 小規模多機能型居宅介護
⑯ 認知症対応型共同生活介護
⑰ 地域密着型特定施設入居者生活介護（養護老人ホームに係るものを除く）
⑱ 地域密着型介護老人福祉施設入所者生活介護
⑲ 複合型サービス（看護小規模多機能型居宅介護）
⑳ 居宅介護支援
㉑ 介護福祉施設サービス
㉒ 介護保健施設サービス
㉓ 介護医療院サービス
㉔ 介護予防訪問入浴介護
㉕ 介護予防訪問看護
㉖ 介護予防訪問リハビリテーション
㉗ 介護予防通所リハビリテーション
㉘ 介護予防短期入所生活介護
㉙ 介護予防短期入所療養介護（介護保険法施行規則第22条の14第4号に掲げる診療所に係るものを除く）
㉚ 介護予防特定施設入居者生活介護（養護老人ホームに係るものを除く）
㉛ 介護予防福祉用具貸与
㉜ 特定介護予防福祉用具販売
㉝ 介護予防認知症対応型通所介護
㉞ 介護予防小規模多機能型居宅介護
㉟ 介護予防認知症対応型共同生活介護

ただし、病院等、介護老人保健施もしくは介護医療院で、みなし指定があったものとみなされた日から起算して1年を経過しない者によって行われる場合は、提出を要しません。

(7) 報告の方法

報告は、インターネットを利用してすることとなります。

2つの方法が想定されています。1つは、対応している会計ソフトを経由して報告する方法です。会計ソフトが、CSVというデータ形式で経営情報のデータをアウトプットして、これをシステムに送る形になります。もう1つは、会計ソフトが対応していなかった場合やそもそも会計ソフトを利用していない場合で、厚生労働省のデータベースシステムにアクセスし、画面上で手入力する形となります（**図表1−6**）。このデータベースシステムへのアクセスには、別途、GビズIDプレミアムのアカウントを取得する必要があります（**第3章参照**）。

(8) 公表の方法

財務諸表の情報を報告すると、法人の財務状況や役員報酬の金額が外部の目に触れると懸念する声も聞かれますが、その点は問題ありません。一般に公表される情報は、厚生労働省において各都道府県の区域内に所在する事業者の情報を毎年度分析し、グルーピングして公表するとされています。

すなわち、全国や地域ごとのデイサービスの経営状況を分析したデータなどが公表されるに留まり、法人や事業所が特定されるような情報は、一切公表されません。

▶ **図表1-6 介護サービス事業者の経営情報の調査及び分析等**

介護サービス事業者の経営情報の調査及び分析等の制度について

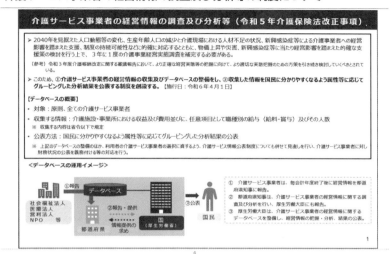

出典:厚生労働省「介護事業財務情報データベースシステム(仮称)
会計ソフトウェアベンダ向け説明会」

第 2 章

介護サービス事業者の
会計の区分

会計の区分は運営基準に定められたルール

　財務情報の報告において、事業所・施設ごとの収益と費用の内訳を提出するとは、何を意味しているのでしょうか。

　すべての介護保険制度の給付対象事業に関するルールは、省令（「指定居宅サービス等の人員、施設及び運営に関する基準」（平成11年厚生省令第37号））に定めがあり、一般に「運営基準」といわれます（この詳細は通知「指定居宅サービス等の事業の人員、設備及び運営に関する基準について」（平成11年9月17日老企第25号）に規定されており、一般に「解釈通知」という）。

　省令の第2章〜第14章にサービス別の基準が示されており、その中に「会計の区分」という規定があります。在宅サービスであれば、「第2章　訪問介護」の第38条に規定されていて、訪問介護事業所ごとに経理を区分しなさい、また訪問介護事業の会計とその他の事業の会計を分けて計算しなさい、と明記されています。

> （会計の区分）
> 第38条　指定訪問介護事業者は、指定訪問介護事業所ごとに経理を区分するとともに、指定訪問介護の事業の会計とその他の事業の会計を区分しなければならない。

　他のサービスの条文においては、この第38条を準用するとされています。

　これによって、この「会計の区分」というルールはすべてのサービスに関わるルールだということが明らかになります。詳細は、厚生労働省の通知「介護保険の給付対象事業における会計の区分について」（老振発第18号平成13年3月28日。以下、単に「通知」という）に示されています。

2 趣旨

　介護保険の給付対象事業の実施主体は、様々です。法人等の種類によって異なる会計基準が適用され、会計処理が行われています。

　介護保険の給付対象事業における会計経理については、法人等の事務負担にも配慮して、すべての運営法人に統一的な会計方式による会計処理を求めるのではなく、それぞれの法人等に適用される会計基準等を基本として、その会計基準等とは別に会計処理の段階で事業ごとに区分が必要と想定される科目の按分方法を示しています。これに基づく按分処理を行うことによって、運営基準を満たすことになります。事業所または施設単位で経理が区分されることを前提として、同一事業者が介護保険の給付対象事業とそれ以外の事業を行っている場合または複数の給付対象事業を行っている場合についても、事業ごとに区分が想定される科目およびその按分方法ならびに様式についての参考例が、通知で示されました。

　なお、通知で示された按分方法および様式によりがたい場合には、他の合理的な方法によって事業ごとに会計が区分されて、その状況が明らかにされていれば、運営基準を満たすとされています。ただしこの場合においても、運営指導や経営実態調査、今回の経営情報の報告などにおいて会計の状況について記載を求められた場合には、適切に対応できるような区分がされていることが必要とされています。

3 前提となる会計基準

　通知には、次のように示されています。

3　本通知の前提となるそれぞれの会計基準と会計処理方法について
(1)　福祉系サービス（訪問介護、訪問入浴介護、通所介護、短期入所生活介護、認知症対応型共同生活介護、特定施設入所者生活介護、福祉用具貸与、指定介護老人福祉施設）については、社会福祉法人会計基準又は

指定介護老人福祉施設等会計処理等取扱指導指針を基本として事業所ごとの収支状況等に関する内容を明らかにすることとする。
(2)　医療系サービス（訪問看護、訪問リハビリテーション、居宅療養管理指導、通所リハビリテーション、短期入所療養介護、介護老人保健施設、指定介護療養型医療施設）については、病院会計準則、介護老人保健施設会計・経理準則及び指定老人訪問看護・指定訪問看護の会計・経理準則を基本として事業所ごとの収支状況等に関する内容を明らかにすること。
(3)　ただし、(1)及び(2)の会計基準等とは別の会計基準等の適用を受ける事業主体の場合は、当該会計基準等を基本として事業所ごとの収支状況等に関する内容を明らかにすること。

❹　本支店会計かつ部門別会計が求められる

(1)　「本支店会計かつ部門別会計」とは

　訪問介護事業所ごとに会計を区分するとは、どういうことでしょうか。
　これは、例えば訪問介護の拠点としてA拠点とB拠点の2カ所があった場合には、A拠点の収入、経費、利益とB拠点の収入、経費、利益をそれぞれに分けて計算しなさい、ということです。
　端的に言うと、本支店会計をとってくださいということです。
　また、一つの拠点の中で訪問介護と他のサービスを併設していた場合、例えば訪問介護事業と居宅介護支援事業所を営んでいる場合には、訪問介護事業の収入、経費、利益と居宅介護支援事業所の収入、経費、利益を分けて計算しなさいということです。
　すなわち、部門別会計をとるということです。
　例えば、「私のところは拠点が1カ所だけで、訪問介護しか営んでいないから、会計の区分で分けなくてよいですよね？」という事業者がいますが、現状をよく聞くと、訪問介護とは別に、いわゆる総合事業である第一号訪問事業の許可（指定）も受けて運営していて、さらには障害福祉の居宅介護や重度訪問介護の許可（指定）も受けていたり、保険外

サービスもやっていたりすることがあります。

この場合、訪問介護部門、総合事業部門で各1部門、障害福祉事業部門は2部門、さらに保険外サービス部門に分けて会計する必要があります。つまり、部門を5つに分けなければなりません。また収入だけではなく、経費も部門ごとに分けての経理が必要です。

(2) 会計の区分は運営指導でも確認される

ですから、運営指導においても会計の区分について確認されることとなっており、会計の区分が未実施で指導対象となるケースは全国にあります。

運営指導で会計の区分の未実施を指摘されると、通常は、3期分の決算データを会計の区分に従って分けて作り直しなさい、と指導されます。指導を受けた事業者は、当然、会計事務所に相談するのですが、会計事務所もわからないということで私などに質問が来ます。そのため、全国の事例を理解しています。

ただし、頻繁ではありません。税務調査もそうですが、基本的には報酬返還とか、指導対象になるところからチェックされます。

会計の区分について運営指導で指摘をされても、報酬返還にならなければ行政処分にもなりません。単に、運営基準違反での指導対象になるだけです。

加算の算定要件の問題や減算につながるような基準違反の可能性が把握されると、そこで指導が止まって、問題点が深掘りされていきます。会計の区分の重要性はかなり下のほうにあるため、ここにたどり着く前に何かの問題が見つかってしまうのです。

会計の区分に関する指導を受けた施設や事業者は、特に指摘事項がなくてトントンとチェックが進んだケースで発覚しています。

 会計の処理方法

通知では、次の4つの会計の処理方法が示されています。

① 会計単位分割方式
→ 貸借対照表、損益計算書、それぞれを拠点部門ごとに置く方法で、最も厳格に会計処理を行う

② 本支店会計方式
→ 最も一般的な方法で、貸借対照表は法人で1つ作成。損益計算書だけが事業所ごとに作られる

③ 部門補助科目方式
→ いわゆるコンピュータ会計で処理している場合。例えば、売上げの科目コードが「4111」だとすると、この番号に補助コードを加えて、A事業所の収入は「4111-A」、B事業所は「4111-B」といった具合に入力する

④ 区分表方式
→ 一番簡単な方法。まず法人全体の数字で決算書を作成してから、勘定科目を事業所拠点ごとに按分する。実務上は、税務署に出す決算書を作成した後、Excelを使って、勘定科目を各拠点に対して按分基準によって振り分ける

厚生労働省の通知では、次のように示されています。

(4) 運営基準は、それぞれの法人に適用される会計基準等によって作成された計算書類の数値を介護サービス事業別に算出して表示することを求めている。そのための会計処理方法の仕組みは様々なものが考えられるが、法人の会計事務の負担を考慮しつつ、運営基準の求める内容を満たす適切な会計処理方法の例として、「会計単位分割」、「本支店会計」、「部門補助科目」、「区分表」の各方式を示す。
　ア　会計単位分割方式
　　この方法は、施設あるいは事業所の単位（以下「事業拠点」という。）

ごとの介護サービス事業別にあたかも別の法人のようにそれぞれ独立した主要簿（仕訳帳及び総勘定元帳）を有するものである。総勘定元帳が事業拠点別となるので収支及び損益に関する計算書類（損益計算書・収支計算書・正味財産増減計算書）も貸借対照表とともに事業拠点別に作成されることになる。

　なお、この方法においては、他の事業拠点との取引には、収支及び損益処理とすること（他会計繰入金収入又は支出）も貸借処理とすること（他会計貸付金又は借入金）もあるが、その会計処理については法人の判断によることとなる。

イ　本支店会計方式

　この方法は、主要簿の一部を事業拠点の単位ごとの介護サービス事業別に分離して会計処理をする。この方法においては、事業拠点の単位で収支及び損益に関する計算書類と貸借対照表が作成されるが、貸借対照表の資本の部（純資産の部）については分離せず、いわゆる本店区分だけ存在させる。本部あるいは他の事業拠点間の取引は、本支店勘定（貸借勘定）で処理をする。

ウ　部門補助科目方式

　この方法は、勘定科目に補助コードを設定し、仕訳時にこの補助コードを記入することにより、介護サービス事業別の数値が集計できるようにする方法である。貸借対照表については介護サービス事業別の区分をしないで、収支及び損益に関する計算書を区分することを目的とする方法である。

エ　区分表方式

　この方法は、仕訳時に区分しないで、計算書類の数値をそれぞれの科目に応じて按分基準を設け、配分表によって介護サービス事業別の結果表を作成する方法である。これは部門補助科目方式の簡便法であり、科目の一部について補助コードを設けて仕訳時に処理することも併用される。

どの方式を選択するのかは、会計の目的によります。

6　会計基準選択のポイント

　例えば近い将来、M&Aや事業譲渡を予定している場合には、可能な限り厳格に会計処理を行わなければなりません。また、管理会計を導入していて事業所ごとに予算を立てて管理している場合も、しっかりと会計処理を行う必要があります。

　しかし、M&Aや事業譲渡の予定はなく、管理計画もやっていない事業所で、今回の義務化により仕方なく処理をする場合であれば、一番簡単な区分表方式で十分だということになります。ただし、区分表方式で作成したデータは、経営の資料としてはほとんど使い物にはならないという難点があります。

7　按分基準

　按分基準も、通知によってすべての勘定科目ごとに指定されています。勘定科目ごとに基準が異なりますが、通知では「これによりがたい場合には、本通知とは別に実態に即した合理的な按分方法によることとして差し支えない」とされています。

　そこで、最もシンプルに処理を行う場合には売上基準を使います。実務の流れとしては、介護報酬の請求は国民健康保険団体連合会（国保連）に伝送請求します。国保連からは、メールで事業所ごとの請求金額が返信されるので、このデータを集計することで正確に事業所ごとの売上データを把握できます。このデータから把握した売上割合によって各勘定科目の数字を拠点事業所に割り振ることで、最も簡単に按分することができます。

　例えば、訪問介護とデイサービスを併設しているとします。売上金額を按分基準とした数字が、訪問介護は全体の40％、デイサービスが60％で、人件費が1,000万円あったとした場合、この1,000万円を訪問介護400万円、デイサービス600万円に振り分ければよいのです。一番簡単な方法として、この方法をお勧めしています。

いずれにしても、財務諸表データの提出においては、基本的には会計の区分で分類したものを提出することになります。

参考：「介護保険の給付対象事業における会計の区分について」（老振発第18号平成13年3月28日）抜粋

4　具体的な科目及び按分方法

　具体的科目及び按分方法は次の表のとおりとするが、これによりがたい場合は、本通知とは別に実態に即した合理的な按分方法によることとして差し支えない。

　また、会計区分を行った際に整理した科目が、次に示す科目にない場合は、適宜、類似の科目の考え方を基に按分して差し支えない。

　なお、会計区分を行った際に、どのような按分方法を用いて区分したか分かるように記録しておくことが必要である。

種類	想定される勘定科目	按分方法
給与費	・介護職員・医師・看護婦給与等常勤職員給与 ・介護職員・医師・看護婦給与等の非常勤職員給与 ・退職給与引当金繰入 ・法定福利費	勤務時間割合により区分。 （困難な場合は次の方法により按分） ・職種別人員配置割合 ・看護・介護職員人員配置割合 ・届出人員割合 ・延利用者数割合
材料費	・介護用品費 ・医薬品費 ・施設療養材料費 ・施設療養消耗器具備品費 ・診療材料費 ・医療消耗器具備品費	各事業の消費金額により区分。 （困難な場合は次の方法により按分） ・延利用者数割合 ・各事業別収入割合
	給食用材料費	実際食数割合により区分。 （困難な場合は次の方法により按分） ・延利用者数割合 ・各事業別収入割合
	その他の材料費	延利用者数割合により按分 （困難な場合は各事業別の収入割合により按分）

経費	・福利厚生費 ・職員被服費	給与費割合により区分。 （困難な場合は延利用者数割合により按分）
	・旅費交通費 ・通信費（通信運搬費） ・交際費 ・諸会費 ・雑費 ・渉外費	・延利用者割合 ・職種別人員配置割合 ・給与割合
	・消耗品費 ・消耗器具備品費 ・保健衛生費 ・被服費 ・教養娯楽費 ・日用品費 ・広報費	各事業の消費金額により区分。 （困難な場合は延利用者数割合により按分）
	車両費	使用高割合により区分。 （困難な場合は次の方法により按分） ・送迎利用者数割合 ・延利用者数割合
	会議費	会議内容により事業個別費として区分。 （困難な場合は延利用者数割合により按分）
	光熱水費	メーター等による測定割合により区分。 （困難な場合は建物床面積割合により按分）
	修繕費（修繕維持費）	建物修繕は、当該修繕部分により区分、建物修繕以外は事業個別費として按分 （困難な場合は、建物床面積割合で按分）
	・賃借料 ・地代家賃等	賃貸物件特にリース物件については、その物件の使用割合により区分。 （困難な場合は、建物床面積割合により按分）
	保険料	・建物床面積割合により按分 ・自動車関係は送迎利用者数割合又は使用高割合で、損害保険料等は延利用者数割合により按分

	租税公課	・建物床面積割合により按分 ・自動車関係は送迎利用者数割合又は使用高割合で按分
	保守料	保守契約対象物件の設置場所等に基づき事業個別費として区分。 （困難な場合は延利用者数割合により按分）
委託費	委託費（寝具） 　　　（給食） 　　　（その他）	各事業の消費金額により区分。 （困難な場合は延利用者数割合により按分） ・延利用者数割合 ・実際食数割合 ・建物床面積割合 ・延利用者数割合
研修費	・謝金 ・図書費 ・旅費交通費 ・研修雑費 ・研究材料費	研修内容等、目的、出席者等の実態に応じて、事業個別費として区分。 （困難な場合は、延利用者数割合により按分）
減価償却費	・建物減価償却費 ・建物附属設備減価償却費 ・構築物減価償却費	建物床面積割合により区分。 （困難な場合は、延利用者数割合により按分）
	医療用器械備品減価償却費	使用高割合により区分。 （困難な場合は、延利用者数割合により按分）
	車両船舶減価償却費	使用高割合により区分。 （困難な場合は、延利用者数割合により按分）
	その他の器械備品減価償却費	使用高割合により区分。 （困難な場合は、延利用者数割合により按分）
	・その他の有形固定資産減価償却費 ・無形固定資産減価償却費	延利用者数割合により按分
徴収不能額	徴収不能額	各事業の個別発生金額により区分。 （困難な場合は各事業別収入割合により按分）

引当金繰入額	・退職給与引当金繰入 ・賞与引当金繰入	給与費割合により区分 　（困難な場合は延利用者数割合により按分）
	徴収不能引当金繰入	事業毎の債権金額に引当率を乗じた金額に基づき区分。 （困難な場合は、延利用者数割合により按分）
支払利息	支払利息	事業借入目的の借入金に対する期末残高割合により区分。 （困難な場合は、次の方法により按分） ・借入金が主として土地建物の取得の場合は建物床面積割合 ・それ以外は、延利用者数割合

按分方法の説明　　　　　　　　　　　　　　　　　　　　　　　　　　（別紙6）

（1）「執務時間割合」「職種別人員配置割合」「看護・介護職員割合」及び「届出人員割合」

職　種	合　計	医療等の介護外の事業	介　護　保　険　事　業		
			計		
管理者又は施設長					
医師					
看護職員 （看護婦（士）、准看護婦（士））					
介護職員 （介護福祉士を含む）					
生活・相談指導員 （社会福祉士も含む）					
理学療法士					
作業療法士					
医療技術員					
栄養士					
調理員（調理師を含む）					
事務職員					
上記以外の職員					
合　計					
割　合	100%				

　ア　施設あるいは事業所の単位で、勤務表や業務日報等から「執務時間」を記入する方法を「執務時間割合」による按分という。
　イ　「執務時間割合」の集計が困難な場合は「実際配置人員」で記入することもできる。
　　①　上記表の合計欄の割合で按分する方法を「職種別人員割合」という。
　　②　看護職員及び介護職員の職種の欄の合計の割合で按分する方法を「看護・介護職員配置割合」という。
　ウ　「執務時間」を「届出人員」で記入し、按分する方法を「届出人員割合」という。
　エ　各職種の給与ごとにアの方法で記入した割合で各職種別に按分する方法もある。

(2) 建物床面積割合

諸　室　面　積		合計	医療等の介護外の事業	介　護　保　険　事　業				
				計				
居室・療養室・病室	専用	㎡	㎡	㎡	㎡	㎡	㎡	㎡
	共用							
計								
診療室	専用							
	共用							
計								
機能訓練室	専用							
	共用							
計								
談話室	専用							
	共用							
計								
食　堂	専用							
	共用							
計								
浴　室	専用							
	共用							
計								

レクリエーションルーム	専用							
	共用							
計								
デイルーム	専用							
	共用							
計								
その他	専用							
	共用							
計								
諸室面積合計	専用							
	共用							
計								
割　　合		100%						

ア　この面積は、利用者が使用する部屋を対象とする。
イ　建物の設計図等から各事業ごとに専用の部屋面積を記入する。
ウ　共用の面積は、利用者数や利用時間等の使用割合を見積り、その使用割合を共用面積に乗じた数値を記入する。
エ　諸室には、事務室や給食室が含まれていないが、上記諸室の対象面積とすることは差し支えない。対象面積とする場合は、その他の共用の欄に記入する。

第 3 章

介護事業財務情報
データベースシステムへの
報告の実務

第1節 介護事業財務情報データベースシステムの利用にはGビズIDが必要

1 GビズIDプライムのアカウントを取得する

(1) オンラインで取得する方法

　介護事業財務情報データベースシステム（以下、「システム」という）のログインは、GビズIDプライムのアカウントを使って行うため、アカウントの取得が必要になります。アカウントは、一度取得すれば有効期限はないので更新することもなく利用することができます。

　GビズIDは、現時点で利用料金はかからず（ただし、将来的に有料となる可能性は捨てきれない）、基本的には24時間365日稼働しますが、定期的にメンテナンスがあり、その時間帯は利用することができません。

　取得方法は2つあり、1つはオンラインで取得する方法です。手続きには、法人代表者のマイナンバーカードと「GビズID」アプリをインストールしたスマートフォン、メールアドレスが必要です。次の流れで取得します。

1　GビズIDアプリをスマートフォンにインストールする
2　パソコンのGビズIDにて必要事項を入力する
3　パソコンの画面に表示されたQRコードをGビズIDアプリで読み取る
4　GビズIDアプリでマイナンバーカードを読み取り、申請内容に署名する
5　パソコンで申請内容を確認して申請する
6　GビズIDのパスワードを設定する
7　GビズIDプライムアカウントとして利用する

デジタル庁の「GビズIDクイックマニュアル　GビズIDプライム　オンライン申請編ver2.0 2024年10月」に沿って手順を解説します。
　まず、GビズIDのサイトにアクセスして、メールアドレスを登録します。すると、ワンタイムパスワードが送信されるので、メールを開いてワンタイムパスワードをコピーします。

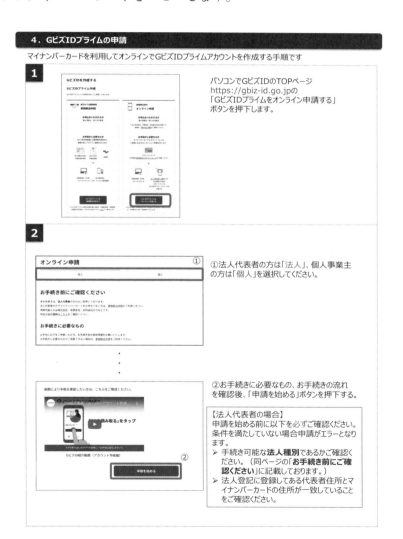

第1節　介護事業財務情報データベースシステムの利用にはGビズIDが必要　　45

3

①アカウントID（メールアドレス）を入力してください。

※アカウントID（メールアドレス）の受信設定ついて
「support(at)gbiz-id.go.jp」（※ (at) は @ に置き換えて下さい）からのメール、もしくはドメイン『gbiz-id.go.jp』を 受信可能な状態にしてください。

②GビズIDサービス利用規約を確認いただきましたら、チェックボックスにチェックをします。

③「次へ」をクリックしてください。

4

①メールアドレスを確認します。

②間違いなければ「OK」ボタンをクリックします。

5

①登録したメールアドレスにワンタイムパスワードが届きます。

件名：【GビズID】ワンタイムパスワードの通知

②届いたワンタイムパスワードを入力します。
③「OK」ボタンを押下します。

✓ メールに記載されているワンタイムパスワードを30分以内に入力してください。期限内に入力されなかった場合、はじめからやり直していただく必要があります。
✓ メールが届かない場合、入力いただいたメールアドレスに誤りがある可能性があります。お手数ですがはじめからやり直してください。

ＧビズIDのサイトに戻ってワンタイムパスワードを入力し、「OK」をクリックすると、法人番号や所在地等の基本情報を入力する画面が表示されますので、入力します。入力が終わると、画面にスマートフォンで読み取るためのQRコードが示されます。

第1節　介護事業財務情報データベースシステムの利用にはGビズIDが必要

スマートフォンの「GビズID」アプリを立ち上げ、このQRコードを読み込むと、登録画面が表示されます。マイナンバーカード発行時に登録した4桁の暗証番号とパスワードの入力を求められますので、入力します。

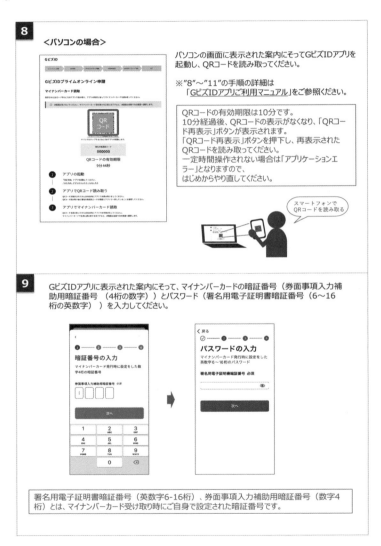

次に、マイナンバーカードの上にスマートフォンを置いてマイナンバーカードの情報をスマートフォンで読み込み、氏名、住所等のデータをアプリから送信します。

第1節　介護事業財務情報データベースシステムの利用にはＧビズIDが必要　　*49*

ＧビズIDのサイトに戻り、入力内容と署名内容を確認して「申請」をクリックします。

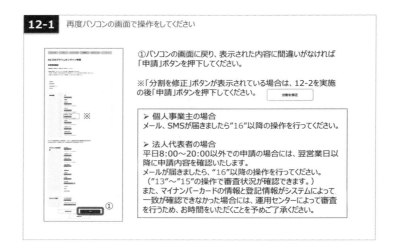

　審査が完了するとメールが届きますので、記載されているURLをクリックしてパスワードを登録するページを開きます。開くとスマートフォンにショートメッセージでワンタイムパスワードが送られますので、登録ページに入力すると、ＧビズIDサイトで使用するパスワードの設定を求められますので、設定します。

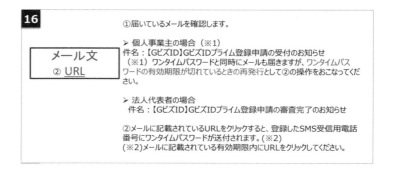

50　第３章　介護事業財務情報データベースシステムへの報告の実務

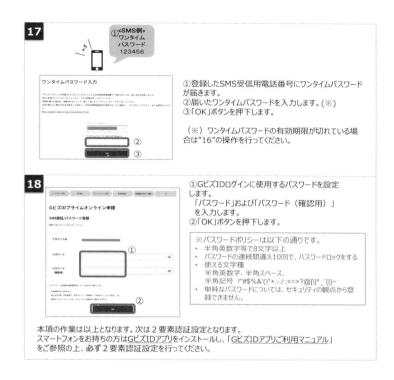

(2) 書類を郵送して申請する方法

もう1つは、書類を郵送して申請する方法です。この場合は次の流れで手続きを進めます。1週間程度、時間を要します。

```
1  GビズIDサイトで申請書を作成する
2  申請書を印刷し・押印する
3  申請書と印鑑（登録）証明書をGビズID運用センターへ郵送する
4  1週間程度で審査完了メールが送信されるので、受け取ったらGビズIDのパスワードを設定する
```

第1節　介護事業財務情報データベースシステムの利用にはGビズIDが必要　51

デジタル庁の「ＧビズＩＤ クイックマニュアル　ＧビズＩＤプライム　書類郵送申請編 ver3.0 2024年10月」に沿って手順を説明します。

まず、ＧビズＩＤサイトでメールアドレスを登録し、送信されてくるワンタイムパスワードを入力して申請書を作成するための画面を開きます。

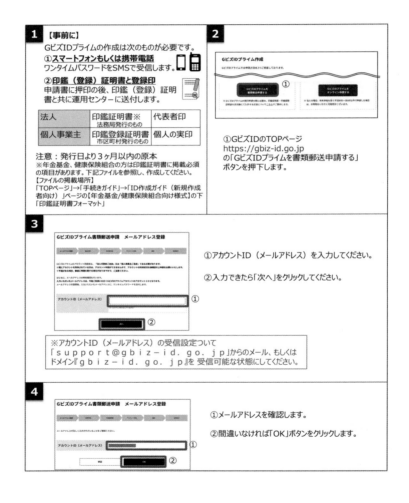

52　第３章　介護事業財務情報データベースシステムへの報告の実務

各項目を入力し、すべて入力したら書類審査完了時に送付されるショートメッセージを受け取るための携帯番号、スマートフォンの電話番号を入力します。

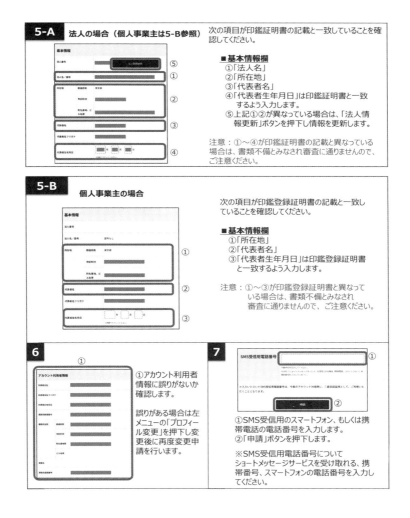

第1節　介護事業財務情報データベースシステムの利用にはＧビズIDが必要

申請書に印字する内容を確認する画面が表示され、問題がなければ申請書を印刷して印鑑証明書（発行日より3カ月以内の原本）と一緒に郵送します。
　申請に不備がなければ、原則2週間以内に登録したメールアドレスに申請が受け付けられたことを知らせるメールが届きますので、メールに記載されているURLをクリックしてリンク先を開きます。
　リンク先を開くと、登録した電話番号にワンタイムパスワードがショートメッセージで送られてきますので、入力して「OK」ボタンを押下します。

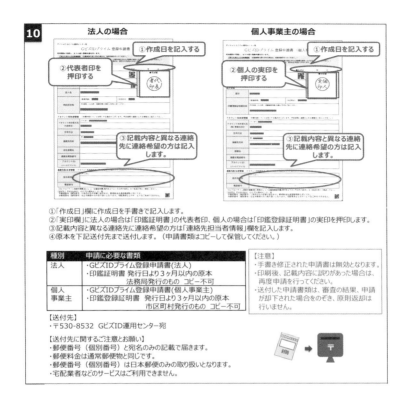

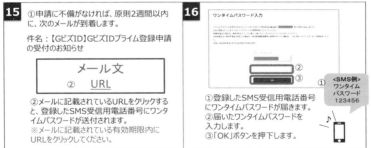

　このように、オンラインと郵送のどちらでも申請できますが、オンライン申請については、マイナンバーカードの取扱いに慣れていない場合、時間と手間がかかるかもしれません。マイナンバーカードの認証作業に

第1節　介護事業財務情報データベースシステムの利用にはGビズIDが必要　　55

は暗証番号（4桁の数字）とパスワード（6桁から16桁の英数字）の入力が求められますが、何回か間違えるとマイナンバーカードがロックされ、再設定をしなければならなくなります。コンビニに設置されているキオスク端末でも再設定はできますが、余計な時間を要することになるため、自信のない場合は書類申請をお勧めします。

また、オンライン申請では法人の代表者のマイナンバーカードを使って手続きを行うため、中規模以上の法人の場合は書類申請が現実的だと言えます。

② GビズIDは、多くの行政サービスで利用できる

GビズIDは、アカウント登録をするとつながっているすべての行政サービスで利用できる、統一アカウントです。現時点で利用できる主な行政サービスには、次のものがあります。

IT導入補助金2023、IT導入補助金2023（後期事務局）、e-Gov、jGrants、介護サービス情報公表システム＿電子申請届出システム、社会保険手続きの電子申請、小規模事業者持続化補助金＜一般型＞申請受付システム、日本公庫ダイレクト、各自治体の電子申請システムなど

ただし、利用の際はGビズIDのページではなくこれらの各行政サービスのページを開き、GビズIDのアカウントを利用してサービスにログインすることとなります。

今後も利用できるサービスの拡大が予定されており、2025年度までにすべての自治体において介護保険制度に関連する手続きが電子申請に移行する予定です。

また、2025年度までに許認可申請、変更手続、更新手続、加算の体制届、処遇改善加算関連の申請などが、すべて電子申請になる方向で進んでいます。

さらに近い将来、利用者の介護被保険者証はマイナンバーカードに統合されます。2026年目標とされている介護DXが始まると、医師の意見

書やケアプランなども電子データでのやり取りに移行する予定です。LIFEのフィードバックデータも、介護プラットフォーム上で共有されていきます。

　確実に介護業界から紙がなくなり、GビズIDアカウントが活用され電子データでのやり取りになるでしょう。

 システム環境

対応しているOSであれば、WindowsでもMacでも可能です。
以下が推奨環境とされています。

●パソコン	●スマートフォン
Windows10、11 　- Microsoft Edge（最新版） 　- Google Chrome（最新版） MacOS 14以上 　- Safari（最新版） 　- Google Chrome（最新版）	iPhone：iOS 17以上 Android：AndroidOS 14以上

④ GビズIDを使って外部委任することも可能

　GビズIDを使って、届出業務の外部委任を行うことも可能です。これは、2023年から始まった医療法人の経営情報提出と同様の形で進められるでしょう。

　委任者と受任者ともにGビズIDプライムを持つことで、GビズIDのマイページから委任手続ができますので、受任者は代理して財務情報の申請を行います。

　顧問先の介護事業所から受託する場合は、事前に料金の取決めが必要でしょう。

第2節 報告しなければならない情報

1 報告しなければならない経営情報の具体的な内容

報告する内容は介護保険法第115条の44の2第2項に規定されており、大きく分けて次の4つの情報となります。報告を行わなければならない事項と任意記載の項目があります。

(1) 事業所または施設の名称、所在地その他の基本情報
(2) 事業所または施設の収益および費用の内容
(3) 事業所または施設の職員の職種別人数その他の人員に関する事項
(4) その他必要な事項

(1) 事業所または施設の名称、所在地その他の基本情報

事業所・施設の名称、所在地などの基本情報に加え、運営する法人の名称、法人番号、介護事業所番号も求められます。その事業所で併設している介護サービスの種類、会計年度末の月、採用している会計基準、消費税の経理方式も基本情報として提出が求められます。①～⑧は、いずれも報告を行わなければならない事項です。

① 事業所または施設の名称
② 法人等の名称
③ 法人番号
④ 介護事業所番号

> ⑤　介護事業所で提供しているサービスの種類
> ⑥　法人等の会計年度末
> ⑦　法人等の採用している会計基準
> ⑧　消費税の経理方式

(2) 事業所または施設の収益および費用の内容

　次に、財務情報です。報告を行わなければならない事項は事業収益と事業費用です。この事業収益は、そのサービスの合算でもよいし、内訳をつけてもよいとされています。事業収益のうち、施設介護料収益、居宅介護料収益、居宅介護支援介護料収益、保険外収益の内訳区分は任意記載の項目です。

　「②　介護事業費用」では、給与費として、給与勘定の合計は絶対必要です。役員報酬、退職給与引当金繰入、法定福利費は任意記載の項目です。業務委託費は合計額でよいですが、給与委託費を任意記載しても構いません。業務委託費と給与費の違いでは、人材派遣会社に払う派遣料は給与ではなく、業務委託費になります。残りは、減価償却費、水道光熱費、その他費用となります。

　「オ　うちその他費用」は任意記載の項目で、材料費、給食材料費、研修費、本部費、車両費、控除対象外消費税等負担額を記載することが可能です。

　「③　事業外収益」から「⑦　法人税、住民税及び事業税負担額」はすべて任意記載の項目です。必ず提出すべき項目は営業利益までということになります。最低限求められるのは営業利益です。経常利益以下については、任意項目とされています。

※は、任意記載の項目

① 介護事業収益
　ア　うち施設介護料収益 ※
　イ　うち居宅介護料収益 ※
　ウ　うち居宅介護支援介護料収益 ※
　エ　うち保険外収益 ※
② 介護事業費用
　ア　うち給与費
　　a）うち給与
　　b）うち役員報酬 ※
　　c）うち退職給与引当金繰入 ※
　　d）うち法定福利費 ※
　イ　うち業務委託費
　　a）うち給食委託費 ※
　ウ　うち減価償却費
　エ　うち水道光熱費
　オ　うちその他費用
　　a）うち材料費 ※
　　　ⅰ）うち給食材料費 ※
　　b）うち研修費 ※
　　c）うち本部費 ※
　　d）うち車両費 ※
　　e）うち控除対象外消費税等負担額 ※
③ 事業外収益 ※
　ア　うち受取利息配当金 ※
　イ　うち運営費補助金収益 ※
　ウ　うち施設整備補助金収益 ※
　エ　うち寄付金 ※
④ 事業外費用 ※
　ア　うち借入金利息 ※

⑤ 特別収益 ※
⑥ 特別費用 ※
⑦ 法人税、住民税および事業税負担額 ※

(3) 事業所または施設の職員の職種別人数その他の人員に関する事項

　人数については、職種ごとの人数を常勤と非常勤別に提出することが必要です。この人数は、営業年度の初日の属する月における人数を報告します。年度末ではないので、注意が必要です。

※は、任意記載の項目

① 次の職種ごとのその人数（常勤・非常勤別）
　ア　管理者
　イ　医師
　ウ　歯科医師
　エ　薬剤師
　オ　看護師
　カ　准看護師
　キ　介護職員（介護福祉士）
　ク　理学療法士
　ケ　作業療法士
　コ　言語聴覚士
　サ　柔道整復師・あん摩マッサージ師
　シ　生活相談員・支援相談員
　ス　福祉用具専門相談員
　セ　栄養士・管理栄養士
　ソ　調理員
　タ　事務職員
　チ　その他の職員

ツ　上記のうち介護支援専門員・計画作成担当者
　　テ　上記のうち訪問介護のサービス提供責任者
　②　①に掲げる職種ごとの給与および賞与 ※

(4) その他必要な事項

　報告が求められる事項は、複数の介護サービス事業の有無、介護サービス事業以外の事業（医療・障害福祉サービス）の有無です。つまり、複数の介護サービス事業を運営しているかどうか、また介護サービス事業以外に医療や障害福祉サービスを営んでいるかどうかの２つは、必ず報告する項目です。

　医療や障害福祉サービスを営んでいる場合の、医療事業における事業収益、医療における延べ在院者数、医療における外来患者数、障害福祉サービス事業の事業収益、障害福祉サービス事業の延べ利用者数については、報告は任意です。ただし、医療や障害福祉サービスを営んでいる場合で、やむを得ず介護サービス事業と事業収益を分けての報告ができない場合は、可能な限り任意項目について報告を求めるとしています。

※は、任意記載の項目

①　複数の介護サービス事業の有無
②　介護サービス事業以外の事業（医療・障害福祉サービス）の有無
③　医療における事業収益 ※
④　医療における延べ在院者数 ※
⑤　医療における外来患者数 ※
⑥　障害福祉サービスにおける事業収益 ※
⑦　障害福祉サービスにおける延べ利用者数 ※

第3節 システムへの報告フロー

 報告するデータの種類

　報告するデータは4つあり、内容としては第2節で見たものとなりますが、次のように整理されています。このうち、「1　損益計算書等データ」と「2　届出対象事業所データ」は、会計ソフトで作成・出力されたデータを登録することができます。

介護サービス事業者経営情報の報告データ

　報告の対象となる介護サービス事業者は、介護事業財務情報データベースシステム（仮称）（以下「本システム」という。）を利用して以下の4つのデータ（以下「介護サービス事業者経営情報」という。）を報告していただきます。

No.	報告データ	報告データの説明	入力形式
1	損益計算書等データ	介護サービス事業者の収益及び費用の情報を報告します。報告項目は、各会計基準に沿った項目を指定しています。 ※報告項目の詳細は、通知「介護保険法第115条の44の2の規定に基づく介護サービス事業者経営情報の調査及び分析等に関する制度に係る実施上の留意事項について」（令和6年8月2日発出）を参照	画面入力 ファイル登録
2	届出対象事業所データ	「損益計算書等データ」に含まれる届出対象とした事業所情報（介護事業所番号、介護事業所名、サービス種類コード）を登録します。	画面入力 ファイル登録
3	事業所連絡先データ	「届出対象事業所データ」に含まれる介護事業所の連絡先（メールアドレス）を登録します。	画面入力
4	追加情報データ	報告に関連する情報として、以下の情報を追加情報として登録します。 ・損益計算書等データに含まれる介護以外の事業（医療、障害等）に係る情報 　※報告の対象とするサービスは、介護サービス事業に係る事項のみを対象とすることを基本としているが、医療・障害福祉サービスに係る事業を併せて実施する事業所・施設にあっては、本追加情報として登録します。 ・事業所又は施設の職員の職種別人数その他の人員に関する事項	画面入力

　　　　　（出典）厚生労働省「介護事業財務情報データベースシステム（仮称）
　　　　　　　　　　　　　会計ソフトウェアベンダ向け説明会」資料

報告単位について

　介護サービス事業所経営情報の報告は、原則として介護サービス事業所施設単位で行いますが、事業所・施設ごとの会計区分を行っていない場合など、やむを得ない場合には、法人単位で報告することが認められています。システムも法人単位で報告データを取り込めるように対応しています。なお、システムにおける介護事業所の単位は、事業所番号とサービス種類コードです。

　報告単位について、例を用いて説明します。

(1) 事業所単位で経営状況を管理している場合

　事業所単位で損益計算書等データを登録してください。

　つまり、下図の介護事業所①と介護事業所②の2つの損益計算書等データを登録することになります。

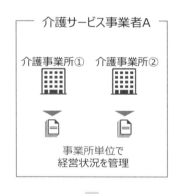

→介護事業所①と介護事業所②の
2つの損益計算書等データを登録

（出典）厚生労働省「介護事業財務情報データベースシステム（仮称）
会計ソフトウェアベンダ向け説明会」資料

(2) 拠点単位および事業所単位で経営状況を管理している場合

　拠点単位および事業所単位で損益計算書等データを登録してください。つまり、拠点Aと介護事業所Bの2つの損益計算書等データを登録することになります。

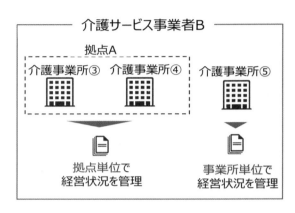

拠点単位及び事業所単位で
損益計算書等データを登録

→拠点Aと介護事業所⑤の
2つの損益計算書等データを登録

（出典）厚生労働省「介護事業財務情報データベースシステム（仮称）
　　　　会計ソフトウェアベンダ向け説明会」資料

(3) 法人単位で経営状況を管理している場合

　法人単位で損益計算書等データを登録してください。つまり、介護サービス事業所Cの1つの損益計算書等データを登録することになります。

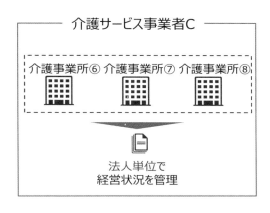

（出典）厚生労働省「介護事業財務情報データベースシステム（仮称）会計ソフトウェアベンダ向け説明会」資料

③ システムへの報告方法

　介護サービス事業者経営情報の報告は、システムの画面からデータを手入力する方法と、介護サービス事業者が使用する会計ソフト等からファイルを出力したファイルをシステムの画面から取り込む方法の、2通りがあります。

　会計ソフトからのファイル取込みができるデータは、(1)損益計算書等データおよび(2)届出対象事業所データの2つです。(3)事業所連絡先データ（メールアドレス）および(4)追加情報データについては、システムの画面から手入力でのみ登録可能です。

　実務上は、GビズIDを用いてシステムにログインし、4つのデータを登録する一連の作業を実施することで、介護サービス事業所経営情報の登録が完了します。登録の手順は、次のとおりです。

(1) 損益計算書等データの登録方法

　画面には、ファイル取込みにより登録するための箇所（❶）とシステムから直接手入力するための箇所（❷）が設けられています。どちらからでも登録できますが、併用することはできません。

　手入力を行う場合は、「画面より登録」（❸）を押します。ファイル取込みにより登録する場合は、「取込」ボタン（❹）を押します。

　データが登録されると、「損益計算書等データ登録状況」（❺）に一覧で表示されます。編集ボタンから入力結果および登録結果を確認することができます。

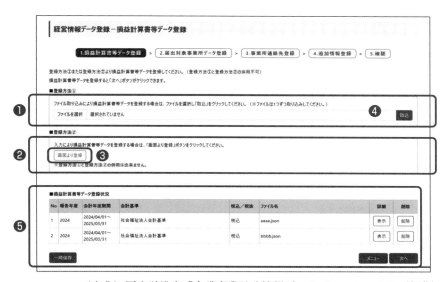

(出典) 厚生労働省「介護事業財務情報データベースシステム (仮称) 会計ソフトウェアベンダ向け説明会」資料

第3節 システムへの報告フロー　69

(2) 損益計算書等データの手入力および登録内容の確認・編集

下図は、手入力でデータを登録する画面です。入力項目は、選択する会計基準（❻）により異なります。

また、この画面では(1)のファイル取込みで登録した結果の詳細を確認することもでき、登録済みのデータが任意項目（❼）であれば内容を編集することも可能です。

(出典) 厚生労働省「介護事業財務情報データベースシステム（仮称）会計ソフトウェアベンダ向け説明会」資料

(3) 届出対象事業所データの登録方法

　届出対象事業所データも、会計ソフト等からのファイル取込みと画面からの手入力の、2通りの方法で登録することができます（❽・❾）。上記で登録した損益計算書等データごとに、各データに含まれる事業所情報を登録します。このとき、損益計算書等データ登録画面で手入力により登録した場合には、この画面でも手入力により登録します。ファイル取込みによる登録をすることはできません。

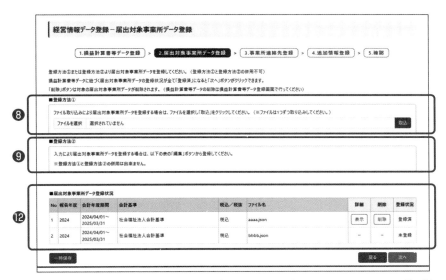

（出典）厚生労働省「介護事業財務情報データベースシステム（仮称）会計ソフトウェアベンダ向け説明会」資料

(4) 届出対象事業所データの手入力および登録した情報の確認

　手入力は、損益計算書等データで登録した届出対象事業所を検索(❿)、選択(⓫)して登録します。登録された情報は、「届出対象事業所データ登録状況」に記載されます（前ページ⓬）。損益計算書等データと同様に、編集ボタンから入力および登録結果を確認することができます。ファイル取込みによる登録の場合の登録内容も確認することができます。ファイル登録した結果は、参照のみ可能となっています。

（出典）厚生労働省「介護事業財務情報データベースシステム（仮称）会計ソフトウェアベンダ向け説明会」資料

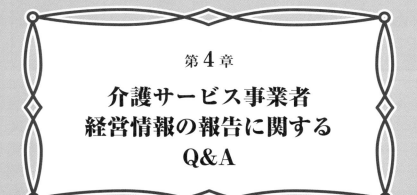

第4章
介護サービス事業者
経営情報の報告に関する
Q&A

1 報告の対象に関するＱ＆Ａ

> **Q１**：すべての介護サービス事業所と施設が経営情報の報告の対象となりますか？

Ａ１：居宅療養管理指導、養護老人ホーム、介護予防事業、介護予防ケアマネジメント以外の介護サービスを提供する事業者は提出が必要です。ただし、例外的に年間の収入が100万円以下の場合、もしくは自然災害に被災した場合には除外されます。この場合、報告対象となる事業所の中で100万円を超えることが基準になりますが、100万円以下の判断は報告対象となるサービスのみで判断されます。

そのため、報告対象以外のサービスと合算して100万円を超える場合でも、報告対象サービスが100万円以下の場合は、報告は必要ありません。

また、サービス付き高齢者住宅も報告対象となります。サービス付き高齢者住宅のうち特定施設入居者生活介護、また地域密着型特定施設入居者生活介護とみなされるものは、有料老人ホームとして報告対象になります。

▶ 図表 4 - 1　高齢者向け住まいの関係図

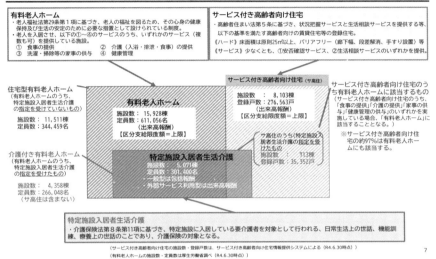

出典：令和5年8月7日社会保障審議会介護給付費分科会（第221回）資料

Q2：調剤薬局を営んでいて、居宅療養管理指導の介護サービスを提供している場合も報告義務の対象に含まれますか？

A2：居宅療養管理指導は報告対象外のため、報告は不要です。

1　報告の対象に関するQ＆A

Q3:当院は保険医療機関で、介護保険法による医療系サービスの事業者として「みなし指定」を受けています。「みなし指定」を受けている事業者の場合も、報告義務の対象に含まれますか？

A3:本来、介護保険法による通所リハビリテーションの許認可を受ける場合には、医師、管理者、療法士、看護職員、介護職員などのスタッフを所定の人数で配置することが必要です。しかし、病院が通所リハビリテーションの許可（指定）を受ける場合には療法士１名の配置のみで許可（指定）を取得できる、という特例措置が「みなし指定」です。

みなし指定となるサービス	
老健、介護医療院	（介護予防）訪問リハビリテーション （介護予防）通所リハビリテーション （介護予防）短期入所療養介護
保険医療機関	（介護予防）訪問看護 （介護予防）訪問リハビリテーション （介護予防）通所リハビリテーション （介護予防）居宅療養管理指導 ※注意１ （介護予防）短期入所療養介護 ※注意２
保険薬局	（介護予防）居宅療養管理指導

（注１）歯科が行う場合の実施可能なサービスは、（介護予防）居宅療養管理指導のみとなります。
（注２）療養病床を有する病院または診療所に限ります。なお、療養病床を有しない診療所で短期入所療養介護（介護予防含む）を行う場合は、指定申請を行う必要があります。

　この「みなし指定」で許可（指定）を取得した医療機関等についても、報告義務の対象となります。ただし、１年間の収入が100万円以下の場合の報告は不要です。100万円を超える場合は原則、介護サービスに係る部分についての報告は必要です。

ただし、医療分と分けて報告できない場合は合算した内容で報告が可能です。この場合には、「その他の必要な事項」の報告の中で、下記の医療における収入等について別記でできる限り報告してください。
・医療における事業収益
・医療における延べ在院者数
・医療における外来患者数
・障害福祉サービスにおける事業収益
・障害福祉サービスにおける延べ利用者数

Q4：「廃止」となった事業所も経営情報の報告が必要ですか？

A4：事業所の廃止を行った事業者からの報告が必要です。例えば、令和6年3月決算法人の事業所の報告は、令和5年4月1日から令和6年3月31日までの間に介護サービス事業所を廃止した場合でも、会計年度の収入が100万円を超えていれば、報告対象です。なお、法人自体が廃業、閉鎖及び解散等をしている場合は、報告は不要です。

2　報告の実務に関するQ＆A

Q5：GビズIDプライムのアカウントを既に持っている場合でも、介護事業財務情報データベースシステムを利用する場合、新たなアカウントの取得が必要ですか？

A5：GビズIDプライムのアカウントを既に持っている場合は、

別にアカウントを取ることができませんので、既に持っている場合はそれを使用します。

> **Q6**：報告単位として、法人内のサービス種類ごとに分けて報告することはできますか？

A6：事業所・施設ごとの会計の区分に従って経理している場合は、事業所・施設ごとに会計の区分に従ったもので報告してください。会計の区分に従って経理していることを前提とした上で、事業所・施設単位での提出が難しいものの、法人内の介護サービスの種類ごとに報告できる場合には、その種類ごとの報告でも構いません。例えば、デイサービスを２カ所、特別養護老人ホームを３カ所運営している場合、それぞれをグループとして括って、グループ合計額で介護サービスごとにまとめて提出することも可能です。

> **Q7**：介護サービスと介護予防・日常生活支援総合事業（以下、「総合事業」という）の両方を提供している場合の報告単位はどうなりますか？

A7：総合事業は報告の対象外ですが、総合事業と他の介護サービスを会計上で区分していない場合は、総合事業の部分を除外せずに報告することが可能です。この場合、システム上で総合事業のデータが含まれていることを、別途入力する必要があります。

Q8：介護サービス以外に医療・障害福祉サービスを提供している場合の報告単位はどうなりますか？

A8：介護サービスとそれ以外の障害福祉サービス等を按分することで区分して提出が可能であれば、按分したデータを報告・登録します。按分が難しい場合は、介護サービスとそれ以外の障害福祉サービス等を含んだデータを報告します。なお、その場合は介護サービス以外の内容が含まれていることを、システム上で入力する必要があります。

Q9：事業所Aと事業所Bが同一拠点に属している場合、どのように報告すればよいですか？

A9：原則として介護サービス事業所・施設単位で報告します。事業所・施設ごとの会計区分がされていない場合で、拠点単位で会計処理を行っている場合などのやむを得ない場合は、拠点単位での報告が可能です。

Q10：法人単位でまとめて報告する場合、都道府県単位で報告が必要なのでしょうか？

A10：法人単位での報告の場合、全国の事業所データを一括して取りまとめて報告することになります。

Q11：報告の方法が2通り用意されていますが、どちらを選べばよいのでしょうか？

A11：基本的には、法人が利用している会計ソフトからCSV等の電子データを出力して提出する方法を推奨しています。この場合は会計ソフトによる自計化をしている必要があります。自計化してない小規模事業者の場合、会計事務所が記帳代行をしている場合も多く、顧問先法人との役割分担が出てくることになります。会計事務所が行う場合には、別料金設定となるでしょう。また会計ソフトがどこまで対応できるかも問題です。場合によっては、使用する会計ソフトの切替えも検討が必要です。

Q12：報告後にデータの誤りが判明した場合、修正することはできますか？

A12：CSV等の電子データで提出した場合は、システムの画面から修正したCSVを再度取り組むことで上書き修正をすることができます。また、システムの画面で直接手入力した場合も、画面からデータを編集することができます。いずれの方法で報告した場合でも、提供データに誤りが判明した場合、後日修正することができます。

Q13：勘定科目の数字が0円の場合、入力を省略できますか？

A13：報告求める勘定科目の一部は、任意での報告になっています。

勘定科目が0円である場合、記載を省略すると任意項目について0円で登録したのか報告なしなのかを判別することができず、データの分析に支障が出てしまいます。

そのため、勘定科目の値が0円の場合でも省略しないで0円と記載してください。

例えば、みなし指定の場合の経費は、ほとんどの場合、人件費くらいです。家賃とか水道光熱費などの按分を行うか等で、0円の部分が出てきます。また、利益調整の関係で減価償却を行っていない場合なども0円の部分が出てきます。

Q14：介護事業経営実態調査と今回の報告義務で報告項目が異なります。実態調査の報告でまとめて記載していたものは、どのように整合性をとればよいですか？

A14：介護事業経営実態調査での報告項目である本部経費配賦額などは、報告対象になっていません。個別の報告項目になっていない勘定科目については、「その他経費」の項目にまとめて報告します。賃貸料、保険料などについても同様です。

今回の報告項目は、給与、業務委託費、減価償却費、水道光熱費の4つであり、それ以外の勘定科目の金額はその他経費にとりまとめての報告となります。この振分け作業も、会計ソフトが対応している場合は、会計ソフト側で自動処理により実行されて電子データ化されます。手作業で集計する場合は、Excelなどを使って集計作業を行う手間が掛かることになります。

Q15：職種別人数については、いつの時点で集計すればよいでしょうか？

A15：報告すべき職種別人数は、主として従事している職種のいずれか一つを報告します。

報告時点は、会計年度の初日の属する月に給与を支払った職員数を報告してください。例えば、3月決算法人であれば前年の4月時点での人数を報告します。

Q16：特定の収益または費用の内容で、介護サービスと介護サービス以外に収益および費用を分けられない場合の報告はどうすればよいですか？

A16：報告は、介護サービスに係る事項のみを対象とすることが基本です。各収益および費用の内容は、事業所において適切な方法で報告することになっています。会計処理上、介護サービス（医療・障害福祉サービスを除く）以外の部分と切分けを行うことがどうしても困難な事情がある場合は、個別に都道府県との相談が必要です。

Q17：「内部取引」に当たる金額が含まれる場合、「消去前」「消去後」のどちらの金額を計算すればよいですか？

A17：内部取引消去については、財務諸表の作成に関する各会計

基準上の定めに従って実施します。例えば、複数の事業所をひとまとめにした拠点区分の損益計算書等データを社会福祉法人会計基準の科目により報告する場合は、拠点区分を超えた内部取引額は計上して、拠点区分内での内部取引については、消去します。

③ 報告期限に関するＱ＆Ａ

Ｑ18：当法人では決算後に法令等により定められている会計監査を行います。その承認のために「決算終了後３月以内」の提出期間に間に合わない場合、どうすればよいでしょうか？

Ａ18：基本的には、決算月の３月後にまでにデータを提出する必要があります。会計監査の承認が遅れた等により３月後の提出には間に合わない場合など、やむを得ず３月以内に報告できない場合は、監査終了後、速やかに提出すれば差し支えありません。ただし、この場合は所轄の都道府県の担当者に事前報告・相談をしてください。事前報告・相談を怠ると、期日を指定して提出を求める命令処分が行われる可能性があります。

Ｑ19：2024年度の報告については、2023年度分のデータを報告するのでしょうか？

Ａ19：2024年度内に実施する報告は、2024年３月31日から同年12月31日までに終了する決算分となります。この期間に該当するデータを、2025年１月から３月の期間内に提出します（24ペー

ジ**図表１－５**参照）。

　３月決算法人の場合は、2024年３月締めデータを2025年１月から３月に提出します。９月決算法人の場合も、2024年９月締めデータを2025年１月から３月に提出します。12月決算法人の場合も、2024年12月締めデータを2025年１月から３月に提出することとなります。

　そのため、３月決算法人の場合は、2024年３月締めデータを2025年３月までに提出し、2025年３月締めデータを2025年６月までに提出と、2025年は２度の提出が必要となります。

> **Q20**：2024年３月から2024年12月までに会計年度が終了する場合は、2025年３月31日までに報告することとされていますが、事業年度が１月決算の事業所や２月決算の事業所の報告期日はどうなりますか？

　A20：2024年度内での報告は不要です。会計年度終了後３カ月以内の報告が必要ですので、１月決算の場合は、2025年１月に締めた情報を、2025年４月末までに報告することが必要です。

　以上は、厚生労働省「「介護サービス事業者経営情報の報告等に関するＱ＆Ａ」の発出について」（令和６年８月20日事務連絡）「「介護サービス事業者経営情報の報告等に関するＱ＆Ａ（Vol.2）」の発出について」（令和６年10月31日事務連絡）に基づくものです。

第5章
介護事業の経営計画

第1節

経営計画書の基本

① 経営計画書の作成を阻むもの

「経営計画書は作成したほうがよい」。多くの書物に記されていますし、介護事業を営む多くの経営者もその重要性を否定しません。しかしながら、実際に経営計画書を作成している介護サービス事業所は多くはありません。また経営計画書を作成するにとどまらず、事業運営や職員教育にまで活かしているところはほとんどありません。

その理由はシンプルで、経営計画書を作成するには手間と時間がかかるということと、経営計画書を作成する目的について経営者自身が明確にできていないからです。重要性を理解していたとしても、目的が曖昧な理解で作成し始めると、多くの場合、手間の多さもあいまって、途中で挫折することになります。

② 経営計画書の目的

経営計画書を作る目的は介護サービス事業所の置かれている状況によって異なりますが、主に3つあります。

---
(1) 経営理念を実現するため
(2) 経営のものさしを確立するため
(3) 社外の関係者からの協力を得るため

---

(1) 経営理念を実現するため

経営計画書の重要性を考えるとき、経営とは何かを考えると理解しやす

くなります。経営とは、経営者の成し遂げたいことを、経営者の代わりに職員に実行してもらい、実現することです。経営者の成し遂げたいこととは、介護サービス事業所の経営理念とも言い換えることができます。そして経営で最も難しいことは、経営者の考えを職員に伝えて実行してもらうことです。経営者と同じ意識でお客様にサービスを提供してくれる職員は稀です。特に介護事業のように労働集約型産業の場合、すべての職員に対して、経営者が介護サービス事業所の考え方や価値観を正確に伝えることは難しく、正しく実行してもらうことをより一層難しくしています。

介護労働安定センターが2023年10月に実施した「令和5年度介護労働実態調査」によると、介護従事者が介護の仕事を辞めた理由は、「職場の人間関係に問題があったため」（34.3％）が最も多く、対前年度比で6.8ポイント増加しています。続いて「法人や施設・事業所の理念や運営のあり方に不満があったため」（26.3％）となっています。

この結果は、単純に経営者や特定の職員、人事制度や賃金制度といった類の問題ではなく、自事業所の考え方や価値観が正しく組織に浸透しておらず、組織が一枚岩になっていなかったことによるものだと考えるべきです。介護サービス事業所の一貫した価値観が正しく伝わり、その考えに共感した職員が集うことで、職員は働く環境に安心感を抱き、利用者へのサービスに集中することができます。

経営計画書は、経営理念を達成するための有効なツールとなります。経営計画書により、経営者の考え方や価値観を言語化し、明文化することで、全職員に自事業所の考え方や価値観を正確に伝えることが可能となります。

(2) 経営のものさしを確立するため

先行きが不透明な時代に経営計画書を作成しても、予測不能の事象が発生し、計画とズレが生じるので作っても無駄。これは、経営計画書を作らない理由としてよく聞かれるうちの一つです。特に創業経営者の場合、ピンチが迫ればどんな手を使ってでも乗り越え、チャンスが現れればスピーディに察知し、何とか介護サービス事業所を存続・発展させ

ことを重要視していますので、予測を立てて計画に落とし込むことに価値を見出さないケースも少なくありません。

しかしながら経営計画書は、予測を当てることではなくズレを認識することに価値があります。言い換えれば、経営計画書はものさしを作るようなものです。ものさしがなければ、介護サービス事業所の向かっている方向がズレているのかいないのか、判断することすらできません。

介護サービス事業者の経営理念は、「地域社会」や「高齢者」に向けて「安心・安全」を届けるような内容で、素晴らしいものが多いのですが、それを「いつまでに」「どうやって」という具体的な計画にまで落とし込んでいるケースは少ないように思います。「いつまでに」「どうやって」が書かれた経営計画書というものさしを作成することで、計画とのズレを認識することができ、必要な修正を施すことが可能になります。また、全職員に自事業所の考え方や価値観を正確に伝えることもできます。

このサイクルを愚直に繰り返すことでものさしの精度は高まり、予測不能な事象を踏まえた経営ができるようになります。

(3) 社外の関係者から協力を得るため

経営計画書を作成することで、社内だけでなく、社外の関係者に対しても会社の考え方や計画を表明することができます。社外の関係者に敢えて自社の経営方針や計画を表明することで、自社の経営に対して協力してもらうことも可能になります。

金融機関や公的機関が代表的で、例えば金融機関に対してであれば、経営計画書の内容によって今後の業績見通しが判断されます。経営計画書の内容が良ければ、高い格付けや、必要な融資を得ることができます。また公的機関に対してであれば、補助金や助成金を申請するときに活用できます。補助金や助成金によっては、経営計画書の提出が申請条件になっているものがあり、経営計画書を作成することが求められます。

この場合の経営計画書には、経営理念やビジョンなどの定性的な内容よりも、具体的な利益計画や数値計画など、定量的な内容が求められる傾向にあります。

③ 経営計画の全体像

多くの介護事業者の経営計画書を見る機会がありましたが、100社あれば100通りあるのが実際です。経営計画書に決まりや正解はありませんが、基本の型と関係性を押さえることで筋の良い経営計画書を作成することができます。

まず筋の良い経営計画書とするために、必ず盛り込むべき構成要素を5つ紹介します。

▶図表5-1　経営計画書に盛り込むべき構成要素

構成要素	内容
経営理念 （ミッション、バリュー）	介護サービス事業所としての存在意義や目指す方向性
未来像（ビジョン）	理念に基づいて掲げる将来的または中期的に達成したい具体的な目標
経営戦略	目標を達成するために実施すべき方針やシナリオ
数値計画	いつまでにどれくらいの利益や売上を目指すのかを具体的な数字で表した計画
事業戦術	経営戦略に基づいて設定した事業目標を達成するための具体的な手段や行動、意思決定

次に、構成要素の関係性を図にまとめたものを紹介します（次ページ**図表5-2**参照）。

「経営理念」と同じような意味を表す言葉として「ミッション・ビジョン・バリュー（MVV）」があり、経営理念とミッションは同義で使われることもあります。ビジョンは5年から10年先のあるべき姿で、経営理念やミッションをより近い将来の具体的な姿に落とし込んだものです。バリューは価値観や行動指針、クレドと定めている会社もありますが、ミッション・ビジョンを達成するために大切にしている判断基準です。言葉の定義を辞書的にとらえる必要はなく、介護サービス事業所ごとにそれぞれの言葉の意味や位置付けを明確にすれば問題ありません。

▶図表5-2　構成要素の関係図

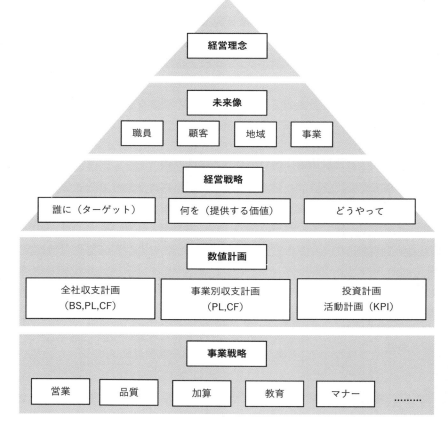

　「経営戦略」と「事業戦術」も、言葉としては知っているものの、明確に違いや役割を把握しづらい言葉です。経営戦略は、経営理念やビジョンを達成するために実施すべき方針やシナリオなどと定義されますが、目に見えない概念で、社外のお客様や競合先、第三者からはわからないものです。事業戦術は、具体的な手段や行動などと定義されますが、営業の仕方、事業所のディスプレイ、情報発信のしかたなどで、お客様や競合先の目にも見える具現化されたものです。

　こうした違いがあるため、経営戦略は性質上、目に見える事業戦術に

引っ張られ、おろそかにされる傾向にあります。その結果、社内のメンバーにも見えなくなってしまい、経営計画書において「営業を強化する」「取れる加算はすべて取る」「ホームページを刷新する」「SNSを活用して採用を強化する」といった戦術がたくさん並ぶものの、ターゲットや方向性が明確になっていないために、どこか一貫性に欠ける内容となるおそれがあります。

経営計画書作成のステップ

経営計画書を作成する場合、経営理念から下に向かって順番に作成するのが望ましいのですが、改めて検討するとなると、抽象的な概念かつ正解がないため、時間がかかります。一方、事業戦術から検討すると、イメージが湧きやすく、職員とも幅広く意見交換できるため盛り上がりますが、現在の延長線上の結論に終始して、必ずしも会社の目的に沿わないケースがあります。

そこでおすすめしたいのは、下記の手順です。**第2節**から解説するポイントを参考にしてください。

▶図表5-3　**経営計画書作成の手順**

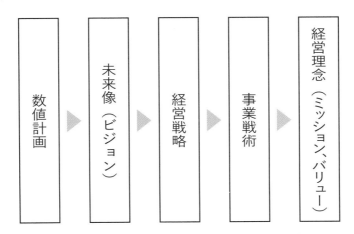

数値計画 ▶ 未来像（ビジョン）▶ 経営戦略 ▶ 事業戦術 ▶ 経営理念（ミッション、バリュー）

第2節 数値計画の作り方

1 目標利益額を決める

(1) 数値計画は売上から決めてはいけない

　経営計画書を作る場合は、まずは「数字」から作るとよいでしょう。数字だけでは人は動いてくれませんが、数字がないと経営理念やビジョン達成の道筋が見えてきません。

　この数字とは、ずばり1年から5年先までの利益目標を立てることです。なぜなら、売上高をいくら上げても、利益が出なければお金は残らず、介護サービス事業所がいつまでたっても安定、成長しないからです。

　介護事業に限らず多くの中小企業では、先に売上目標を決定してから経費を差し引いて利益を求める方法を採用している場合があります。しかしこの方法では、年度末に売上と経費を計算した結果、思うように利益が残らない可能性があります。ここ数年コロナ禍や物価高により稼働率が安定しない中、支出が先行する傾向にあり、結果として年度末に利益が残っていない介護事業所が増えています。利益目標を決めてから必要な経費を計算し、売上目標を逆算するようにしてください。

　なお利益目標を立てる際は、経常利益額を使うことをおすすめします。当期純利益では、職員にとっては管理できない要素が入るため、数値計画の根拠としては適さないからです。

経常利益 ＝ 売上高 － 売上原価 － 販管費 ＋ 営業外収益 － 営業外費用

---

(2) 目標利益額の設定方法

「適正な利益額がわからない」「利益を沢山出したい訳ではない」という方が多くいますが、経営計画を立てる際に役立つ、目標経常利益額の立て方を3つご紹介します。

> ① 金融機関などへの年間返済額から算出する
> ② （過去3期が黒字の場合）過去の実績から算出する
> ③ （過去3期が赤字の場合）累積赤字を埋める額から算出する

① 金融機関などへの年間返済額から算出する

金融機関などの借入に対する年間返済額から目標経常利益額を設定する方法で、下記のような計算式となります。

$$（年間返済額 - 減価償却費）÷（1 - 0.3）$$

年間返済額とは、元金と利息を合計した1年間に返済する金額のことです。減価償却費はお金が出ていきませんので計算から除外し、法人税等の税金をざっくり30％として計算します。例えば、年間返済額1,200万円、減価償却見込額150万円とした場合、必要な利益は1,500万円となります。

これは「最小限の利益目標」であり、会社に求められている義務としての必要な利益です。儲けた利益が税金と銀行借入金の返済に消えて、手元資金が増えも減りもしない最小限の利益です。

② （過去3期が黒字の場合）過去の実績から算出する

過去3期が黒字で推移しており、財務が安定した状況が作れている場合、直近年度の利益をもとに目標経常利益額を算出する方法です。外部

環境や社内の状況を踏まえて「直近年度の経常利益額×1.1」「直近年度の経常利益額×0.9」のように設定します。この方法は直近年度の数字に引っ張られるため目標値が消極的になる傾向があります。

③　（過去3期が赤字の場合）累積赤字を埋める額から算出

過去3期が赤字で推移している場合は、まずは累積赤字を埋めていくだけの利益を出すことを目標値にすることが最優先となります。

(3)　目標利益額は経営者の意思

紹介した3つの目標設定方法のうち、企業経営という観点からすると「年間返済額」から算出する方法が適切です。しかし、この方法での目標経常利益額は高くなる傾向があり、現実的な目標としては厳しい場合があります。「理論」としては正しいものの、現状の数値をはるかに上回る目標を設定されると、職員は頑張ろうと思うどころか、具体的に何をすればよいのかわからなくなり、やる気をなくしてしまいます。年間の借入返済額を賄える利益を上げられるように、中長期的な視点で目標を設定するのが現実的です。

2　目標売上高を決める

目標経常利益額が決まったら売上目標を逆算します。売上で達成すべき目標とは、端的に言えば目標利益に必要経費を足した金額のことです。一般的には下記のような計算式で算出可能です。

> 目標売上高 ＝（固定費 ＋ 目標利益）÷（1－変動費率）

税務署や銀行に提出する損益計算書には、固定費や変動費という記載はありませんので、固定費と変動費は自分たちで見つけ出さなければなりません。

▶図表5-4　固定費と変動費

固定費	
科目	内容
人件費	・介護職員などの給料や賞与、福利厚生に係る費用 ・従業員の雇用に係る費用すべてを盛り込んだ経費を計上
未来費用	・教育研修費、広告宣伝費、研究開発費、コンサル費用 ・未来に向けて投資するもので、将来的に自社に利益をもたらす必要経費として、あえて「未来費用」という科目を作って明確に区別
一般経費	・旅費交通費、賃借料（送迎用車両、コピー・複合機のレンタル費用）、地代家賃、交際費、事務消耗品費、通信費、水道光熱費、雑費など ・通常の経営活動をしていく中で必要な経費
減価償却費	・減価償却費自体は支出として現預金の動きはないが、計画に連動させる意味で独立して表示

変動費	
科目	内容
人件費	・残業代や派遣会社に支払う費用
一般経費	・食材料費、ガソリン代（居宅系サービスの場合）、水道光熱費、介護用品費（おむつなど）

　介護事業における固定費と変動費の主なものは、図のとおりです。施設系サービスと居宅・居住系サービスでは考え方に若干の違いがありますが、明らかに変動費と判断できないものは、一旦固定費に含めるほうがよいでしょう。また一般的なサービス業においては、人件費を変動費に振り分けることが多いのですが、介護事業の場合は定員に対して職員を配置しているケースが多いため、固定費としたほうがよいでしょう。

　振り分けてみると、介護事業においては変動費が少ないことに気づくでしょう。施設系サービスは食材料費の割合が大きいため10％程度になりますが、訪問系サービスの場合は限りなく少なくなります。

　例えば、目標利益額1,500万円の事業所において固定費が7,000万円、

変動費割合が10％であった場合、目標利益を達成するために必要な売上は9,450万円となります。

③ 固定費を決める

　目標売上高の計算過程を理解すると、固定費だけは概ね計画どおり実行されることに気づきます。つまり経営計画書において、5年先までの固定費の設定は、概ね経営者の意思決定どおりになるのです。

　固定費を削減の対象とするか成長の対象とするかは、経営者の意思決定次第です。どちらが良い悪いではありません。手段の話であり、方法論の違いです。

　例えば、固定費削減の発想から出てくる主な施策は、人件費の圧縮です。過去数年で累積赤字が積み上がっている介護サービス事業所においては、こうした施策が利益確保の手段として、功を奏する局面もあります。

　例えば、定員35名で平均稼働率70％を下回るような状況が数年続いているデイサービスが、人員配置は定員の35名で設定している場合を考えてみます。一時的に定員25名にすることで基準上は介護職員2名の配置が必要なくなるため、退職者が出て人員不足となっている部門に異動してもらうこと等が考えられます。その結果、採用コストや無駄な派遣費用や残業代の発生を抑えることができるかもしれません。

　ただし、固定費削減一辺倒では、現場に閉塞感が漂い、施策として長続きしません。成長発展を標榜するなら、経営者だけでなく、職員にとっても、夢があって、やり甲斐が感じられ、安心して働ける職場づくりが必要です。経営者が少しでも多く給料を払えるようにしたいと考えているのであれば、その想いを具体的な数字で固定費に落とし込めばよいのです。

　介護事業のような労働集約型産業の場合、人件費はコストではなく、売上を向上させたり新たな事業を立ち上げたりするための資本であり、エンジンです。エンジンに燃料を与えるがごとく介護サービス事業所の成長に役立つ固定費が、「未来費用」です。

固定費は、従業員の給料と昇給分、賞与、新たな設備投資による減価償却費、教育費、研修費、研究開発費など、職員の豊かな成長を目的とする費用であると言えます。変動費とは異なり、経営者の意思でその多寡を決められるのが固定費、つまり将来投資です。

　既存サービスを向上させることに加え、どのような事業に新たに取り組むのか。そして、利用者の期待へ応えるために現場での仕事のやり方をどう変えるのか。5年先、10年先を見通したロードマップのスタートとして、目標利益額と固定費を決めることは経営者の重要な役割です。

 収支計画に落とし込む

　数値目標の構成要素が固まったら、全社の単年度収支計画をもとに下記のような数値計画に落とし込んでいきます。

・単年度収支計画および月別収支計画
・中長期収支計画（3年～10年）
・事業別収支計画
・予想経営指標（事業ごと）
・予想貸借対照表、予想キャッシュフロー

▶図表5-5　収支計画サンプル

収支計画サンプル

(単位：千円)

決算書科目名	実績 ×2年3月期	進行期 ×3年3月期	第1期 ×4年3月期	第2期 ×5年3月期	第3期 ×6年3月期	第4期 ×7年3月期	第5期 ×8年3月期	備考
PL計画								
売上高								
人件費								
経費（変動費）								
経費（固定費）								
その他費用								
減価償却費								
営業利益								
営業利益率								
EBITDA								
EBITDA率								
経常利益								
経常利益率								
当期利益								
BS計画								
流動資産								
固定資産								
総資産								
流動負債								
固定負債								
負債								
純資産								
負債・純資産								
CF計画								
営業キャッシュフロー								
投資キャッシュフロー								
FCF								
財務キャッシュフロー								
当期CF								
資金期首残高								
資金期末残高								

　収支計画と実績のズレは、売上によるものが多いため、この段階で事業別の予想経営指標（稼働率、単価など）まで作成することが望ましいでしょう。

第3節

ビジョンの作り方

1. 数値計画とビジョンの関係

　数値計画は単なる業績予測ではなく、経営者の意思が反映されたものですが、数字を示しただけでは「ノルマ」となり数字を追うだけになってしまい、職員のモチベーションアップにつながりません。目標値は職員からの理解がなければ達成できませんので、目標の根拠を説明することが重要です。その根拠となるものがビジョンです。

2. 「四方善し」でビジョンを考える

　ビジョンは、「四方善し」で考えることをおすすめしています。近江商人が大切にした「三方善し（売り手・買い手・世間）」に「将来世代善し」を加えたのが「四方善し（自社・お客様・社会・将来世代）」です。

　介護事業であれば、自社、特に経営者に代わってサービスを提供する職員の未来像は必ず盛り込むべきです。また介護事業は介護保険で成り立っていることから、我々が提供する介護事業によって今の利用者だけでなく、これから介護サービスを受ける次世代にとっても良い未来像を設定することが大切です。

- ・自社（職員、家族）の未来像
- ・お客様（利用者、家族）の未来像
- ・社会（地域）の未来像
- ・将来世代の未来像

③ ビジョンを浸透させる

　孫正義氏がテレビに出演した際、ビジョンについて語っていた内容を紹介します。

　「理念を実現させるために、人々のどんな生き様、どんな社会をどういうテクノロジーで実現させるのか。それが100年後の時代にどんな姿形のものになっているか。それがビジョンです。まるでタイムマシンで未来に行って、その世界を見て帰ってきたように語れるか。バック・トゥ・ザ・フューチャーで『100年後こうだったよ』と語れるか。そこの社会をつくるには今こうしておかなければいけない」。

　ビジョンは壮大で立派なものである必要はありませんが、語り続けることが重要なのではないでしょうか。例えば、5年後の利益目標を5,000万円とした場合に、経営計画書の発表会を通じて、10年、20年後のビジョンも併せて説明するのです。5,000万円を達成して何を実現したいのか、社会へのインパクト、介護サービス事業所の成長へのインパクト、職員個人の給与への影響など、かみ砕いて説明することが大切です。またビジョンを経営計画書に記載することで、職員が常時目にすることになります。繰り返し読んでいくうちに、自然と職員の一部になっていきます。

第4節

経営戦略・事業戦術の作り方

 経営戦略の考え方

　経営戦略とは、経営理念やビジョンを実現するために、自社が持つ限られたリソース（お金、人材など）を、どのように活用するのかを表したものです。全社戦略と事業戦略の2つに大別できますが、役割の違いは下記のように「問い」の違いに着目することで理解しやすくなります。作成の役割分担としては、全社戦略は経営幹部中心で、事業戦略は戦術に近い側面があるため現場管理者も巻き込んで作成すると効果的です。

▶図表5-6　全社戦略と事業戦略の役割の違い

	全社戦略	事業戦略
問1	どの事業ドメインで戦うか （やること、やらないこと）	どうやって顧客を獲得するか
問2	どの領域で戦うか （リソース配分の優先順位）	どうやって利益を生み出すか
問3	どこでシナジーを生むか （事業間のシナジー）	どうやって戦略を実行するか

　また経営戦略を作成する場合、下記のように戦術と比較することで、ポイントを押さえて取り組むことができます。

▶図表 5 - 7　戦略と戦術の比較

	戦略	戦術
検討する項目	ターゲット、顧客ニーズ、リソースの配分	具体的な方法論、効率的な手段、時代に合わせたツール
時代による違い	法則性がある、普遍的	時代ごとに変わる
業種による違い	法則性がある、普遍的	時代ごとに変わる

　中小企業が取り得る戦略としては、「絞り込み（集中）」と「差別化」しかありません。しかしながら、介護業界には既に多くの事業者が参入しており、中小企業にとっては戦略で差別化することが難しいのも現実です。

　そのため、戦略を策定するには、外部環境（介護保険制度などの社会保障制度、地域における高齢者人口の将来推計、利用者ニーズ、他の介護サービス供給業者の動向など）と内部環境（職員、サービスなど）の分析を行った上で、理想とする利用者像からのニーズを明確にし、自社の提供するサービスでライバルとどのように差別化するのかを検討します。

 ## SWOT分析で戦略を明確にする

　事業環境を分析するフレームワークとしては様々な手法がありますが、事業環境を「内部環境」と「外部環境」に分け、それぞれ重要なプラス要因、マイナス要因を整理するSWOT分析が一般的です。「外部環境の変化に対して、自組織の強みを活かしてどのような手が打てるか」「外部環境の変化に対して自組織の弱みを補強すべきか」という観点で、とるべき戦略の候補を抽出するものです。

▶図表5-8　SWOT分析

		外部環境	
		③機会（事業機会） ・高齢者の増加に伴い、介護施設への入所の希望が増えている ・質の高いサービスを提供できる介護施設の人気が高まっている	④脅威（阻害要因） ・新規参入など、同業者が増加して利用者の獲得競争になっている ・介護人材の慢性的な不足で、介護職員の確保が難しくなっている
内部環境	①強み ・通所サービスや訪問介護など、広範囲にわたるサービスを提供できる ・利用者のプライバシーに配慮した個室を提供できる ・施設が新しくキレイで利用者や家族の評判がよい	【強みを活かして機会を捉える戦略は？】	【強みを強化して脅威を克服する戦略は？】 サービスの幅広さ（強み）をアピールし、増加する同業者（脅威）とサービスの質で差別化を図る
	②弱み ・理想とするサービスを提供するには介護職員が不足している ・介護職員の教育、研修が行き届かずサービスの質や利用者の満足度に不安がある ・介護職員の労働条件が改善されておらず、サービス向上を指示しにくい	【弱みを補強して機会を逃さない戦略は？】	【弱みを補強し最悪の事態を回避する戦略は？】

　SWOT分析をする場合、まずは内部要因である「強みと弱み」について考えてみます。「自施設は、利用者や地域の住民からどのように評価されているか」など考えをめぐらせ、小さなことでも構わないので書き出してみます。強みと弱みを把握した後は、外部要因である「機会と脅威」を見つけ出し、分析のための要素を洗い出します。

　SWOTを洗い出す際の注意点は、強みや弱みを主観的に洗い出しているため、数値計画やビジョンといった俯瞰的な視点から見た場合と一致しなくなる場合がある点です。

　例えば、「カラオケ設備などの娯楽設備が充実している」ことが特徴となっていたとしても、介護サービス事業所のビジョンが「予防領域から軽度者に対して質の高い自立支援介護を提供し、ウェルビーイングに貢献する」である場合はどうでしょうか。強みではなく、むしろ強みをぼやかす弱みになるかもしれません。

　つまり、強みや弱みは、自事業者がどういった立ち位置を取っているかによって変化するため、数値計画やビジョン策定のフェーズが議論され、整理されていない場合は誤った結論になる可能性があります。

　SWOTを見つけた後は、「クロス分析」を行います。

　クロス分析とは、SWOTにおける4つの要素の中から「強み」と「機

会」、「弱み」と「脅威」など2つを選んで組み合わせる分析方法で、強みを活かすことがポイントとなります。弱みに目がいきますが、弱みとなっているのはそれなりの理由があり、解決に時間がかかる割に大きな効果が見込めない可能性があります。それよりも強みを認識した上で、機会をどう活かすか、脅威にどう対抗するかに、重きを置いてください。

　介護業界で生き残り、利用者に満足されるサービスを提供するためにも、事前に経営戦略を立てておく必要があります。SWOT分析を活用することで、改善方法が見つかる可能性があります。

③ 経営戦略を事業戦術に落とし込む

　残すは、戦術への落とし込みです。戦術とは、数値計画やビジョンによって示された方向性とSWOT分析などによって整理された戦略を達成するためのアクションプランやタスクのことで、図表5－8のとおり、時代に合わせて柔軟に手段を検討する必要があります。また通常、短期的な計画であり、1カ月～1年程度かけて会社が達成すべき目標となります。

　例えば、自事業所の強みとしているサービス（自立支援介護など）の認知度を高めること（マーケティング施策）を戦略に組み込んでいる場合、SNSの活用などが戦術として考えられます。SNSを活用して情報発信や広報活動を効果的に行うには、短いスパンで変化するデザインや見せ方のトレンドに合わせて、職員も行動を変えていくこととなります。戦術は全職員が頭を使うものであり、ボトムアップなのです。

　なお戦術を検討する際の注意点は、経営戦略・ビジョン、戦略との一貫性です。戦術を検討する際には、現場も巻き込んでボトムアップで進めるため、意見が拡散する傾向にあります。その結果、アクションプランやタスクは沢山揃ったものの、そのタスクを達成した場合、ビジョンとどう紐づいていくのか不透明になるケースがあります。そのため、少なくとも数値計画で作成した予想経営指標に基づいて因数分解し、因数分解した内容に紐づくようなアクションプランを設定するようにしてください。

▶図表5−9　予想経営指標に基づく因数分解のイメージ図

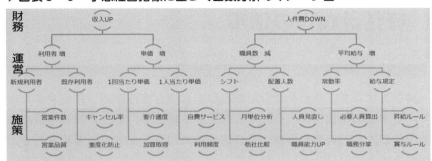

　一方で、数値計画から因数分解したアクションプランだけでは、これは果たしてビジョン達成につながっているのか、とジレンマにぶつかることがあります。なぜなら、因数分解の始まりはすべて財務数値や結果指標だからです。その結果、利用者のためになるけれど、売上につながらない取組みが軽視される可能性もあります。

　そこで数値計画ありきではなく、ビジョンとして掲げた4つの視点を中心に会社の取組み項目を考えることをおすすめしています。下記のようにビジョンを起点にアクションプランを洗い出し、時には数値計画と関連付けながら、目標値を設定します。これによりビジョンが主で、数値計画がサブであるというメッセージを職員に伝えることができます。

・自社（職員・家族）のためにすべきことは何か
・お客様（利用者・家族）のために改善できることは何か
・社会（地域）のためにすべきことは何か
・将来世代のためにできることは何か

第5節 経営計画書の活用

　繰返しになりますが、経営計画書は経営者自身のために作成するものです。不透明な時代だからこそ、業界のトレンド、競合の動向、自社の強みや弱みなど、あらゆることに思いをめぐらして計画を考えることになります。このプロセスを経ることで、経営者の「意思」が固まります。目標がはっきりしている事業所では、経営者を信じて一緒に進んでみようという職員が増えていきます。

　経営計画は、作って終わりではありません。経営計画は予測ではありませんので、実現するためにあれこれ策を尽くすことが重要です。経営計画書を作ったら職員に発表する機会を設け、その後も四半期に一度は経営計画を振り返る場を設定するとよいでしょう。

　ここまで、経営計画書を作成する流れをつかんでいただくため、大まかな作成の流れとポイントを記載しました。

　大事なことは、不完全でも、まず作ることです。一度作ると気づきが生まれます。その度にブラッシュアップすることで徐々に完全なものに近づいていきます。ぜひ、経営計画書の作成にチャレンジして自社の発展に役立ててください。

第6章
介護保険制度の特徴と
その遍歴

第1節 介護サービス事業所を取り巻く現状

1 高齢化の拡大

　2024年版高齢社会白書によると、我が国の総人口は、2023年10月1日現在、1億2,435万人となっています。65歳以上人口は3,623万人で、総人口に占める割合（高齢化率）は29.1％となりました。65歳以上人口は増加傾向が続き、2044年に3,953万人となってピークを迎え、その後は減少に転じると推計されています。高齢化率は上昇を続け、2038年に33.3％となって、国民の3人に1人が65歳以上となる見込です。

　高齢化率は地域によって異なり、2023年現在、最も高い秋田県で39.0％、最も低い東京都で22.8％となっています。今後、すべての都道府県で上昇し、2051年には秋田県では49.9％、東京都で29.6％に達すると見込まれています。

　平均寿命は、2022年現在、男性81.05歳、女性87.09歳でした。今後、男女ともに延びて、2071年には男性85.89歳、女性91.94歳となって、女性は90歳を超えると見込まれています。

　これは、日本の高齢化が大きく拡大して若年層人口は大幅に減少することを意味します。若年層を対象としたマーケットが年々縮小し、高齢者を対象としたマーケットは拡大成長する状況は、教育産業やアパレル、音楽業界に既に顕著に表れています。

　また、国民の保険料負担に依存した社会保険制度（医療保険、年金保険、介護保険）を、国民皆保険制度として維持することが将来的に著しく困難になることを示しているとも言えます。

② 高齢者世帯の増加

　2022年時点で、65歳以上の高齢者のいる世帯数は2,747万4,000世帯と、全世帯数（5,431万世帯）の50.6％を占めていました。内訳を見ると、夫婦のみの世帯および単身世帯がそれぞれ約3割を占めています。

　65歳以上の単身世帯は、男女ともに増加傾向にあります。1980年には65歳以上の男女それぞれの人口に占める割合は男性4.3％、女性11.2％でしたが、2020年には男性15.0％、女性22.1％となり、2051年には男性26.1％、女性29.3％となると見込まれています。

　国が進める地域包括ケア政策では、介護施設や入院に依存しない在宅生活の促進と自宅での看取りへの転換を目指しているため、今後も高齢者世帯の増加傾向は避けられません。またこの転換は、介護独身や息子介護などの言葉で表される親の介護が原因で結婚できない若年層の増加、ヤングケアラーやビジネスケアラーの増加の問題とも関係しています。

③ 「人材」の確保が課題

　高齢化の拡大や高齢者世帯の増加により、介護市場は確実に拡大し事業規模も増大します。その際、最も不足するのは「人材」です。介護事業は役務の提供が主力商品ですから、「人」は最も重要な資源といえ、介護業界は、いかに人材を育てるか、良い人材を獲得するかが重大な課題となっています。

　介護職員の処遇改善も問題となっていて、介護職員処遇改善加算制度が設けられています。

　また、ICT化の推進による業務改善と外国人材の活用にも力が入れられています。

　2025度からは、介護職員等処遇改善加算の算定要件である職場環境等要件として、生産性向上に取り組むことが盛り込まれます（**第8章第1節**参照）。介護施設を中心に、職員の負担軽減策を検討するための委員

会設置も義務化されました。ICT化や業務改善への取組みは待ったなしです。

　さらに2027年度介護報酬改定に向けては、外国人介護人材が訪問系サービスに従事できるよう要件を緩和するか検討が行われています。2024年6月の中間報告では、日本人同様に介護職員初任者研修を修了した有資格者等であることを前提にして従事を認めるべきである、とされています。

第2節

介護事業の現状と特徴

1　介護事業と一般事業の違い

(1)　在庫リスクがない！

　商売の基本は、現金を支払って商品を仕入れ、その商品に付加価値を乗せて販売して、再び現金を得ます。手元にある商品を在庫と言い、商品が売れないことには手元には現金が入りません。このように、経営の上で在庫はリスクです。

　ところが、介護ビジネスは人が提供する「役務の提供」が商品です。福祉用具貸与などの一部の事業を除き、基本的に在庫は持ちません。介護サービスは在庫リスクが生じないビジネスであると言えます。

(2)　貸倒れリスクがない！

　介護報酬は、90％が国の機関である国民健康保険団体連合会（国保連）から入金されるので、回収努力が必要なのは自己負担の10％に過ぎません。仮に10％の一部が回収不能となっても、一般の商売であれば10％程度は通常値引きの範囲内と言えます。

　同じような仕組みの制度に医療保険がありますが、自己負担が30％であるため、介護保険に比べて格段に貸倒れリスクが高いと言えます。

　このように、介護サービスは貸倒れリスクの生じないサービスであると言えます。

(3)　低リピート率問題がない！

　介護ビジネスは、飲食業や旅館・ホテル業などと同じ「サービス業」に分類されます。サービス業の永遠の課題は顧客のリピーター率向上ですが、介護サービスでは一度利用し始めた利用者はトラブルやクレーム

がない限り利用し続けます。介護ビジネスは、リピーター率が100％に近いサービス業であると言えます。

(4) 季節変動リスクがない！

どのようなビジネスも季節によって収入が変動するものですが、介護サービスの利用者は季節に関わりなく、介護計画に従って定期的に利用します。季節変動のリスクがないビジネスであると言えます。

以上のように、介護サービスは非常にリスクの少ないビジネスであると言えます。

2 介護保険制度の仕組み

(1) 介護保険法施行前後で何が変わったか

2000年に介護保険法が施行され、株式会社などが介護事業に参入できるようになりました。介護保険法施行以前を「措置の時代」といいます。

「措置」とは、制度としての介護の利用の可否を役所が判断し、利用する事業所や施設も行政が指定します。利用者には選択の余地がなく、介護を提供する側も社会福祉法人や医療法人に限定され、行政の保護のもとで運営していました。一般の営利法人は介護事業に参入できない時代でした。

介護保険法施行後、民間ベースで介護事業所の開業が相次ぎ、自由競争経済の中で経営を行うこととなりました。また、利用者の意思で介護サービスを選択できるようになり、利用者はお金を払って「介護サービスを買う」消費者へと、変わりました。サービス提供側のホスピタリティが重要となり、介護市場は急速に拡大しました。

(2) 介護保険は「共助」

自助－互助－共助－公助。これは介護を必要とする方への支援の順序で、右のような違いがあります。

> **自助** ➡ 自分自身でできるところまで頑張る
> **互助** ➡ 自分一人では困難となったところを家族やボランティアの手を借りること
> **共助** ➡ 家族の頑張りにも休息が必要であり、介護サービスを活用すること
> **公助** ➡ 経済的理由などで介護サービスの利用が困難になった場合に措置同様に行政側が手をさしのべること

　介護サービスの提供とは、家族介護の補完を意味するものです。介護に疲れた家族を一時的に代行し、休息、リフレッシュする意味を持ちます。これをレスパイトケアといいます。

(3) 介護保険の費用負担

　介護保険サービスは主に65歳以上で要介護認定を受けた方が利用します。利用者の自己負担は基本的に1割で、9割が介護保険から支給されます。ただし、高所得者は所得に応じて2割負担と3割負担が設けられています（次ページ**図表6-1**参照）。一定所得以上の利用者負担引上げは、保険料の上昇を可能な限り抑えつつ、制度の持続可能性を高めるため、2014年改正介護保険法で導入されました。

　介護保険財政は、全体の半分を国（25％）と都道府県、市町村（各12.5％）が負担し、残りの半分を40歳以上の第2号被保険者（33％）と65歳以上の第1号被保険者（17％）が負担しています（次ページ**図表6-2**参照）。

▶図表 6-1　介護保険制度における利用者負担割合

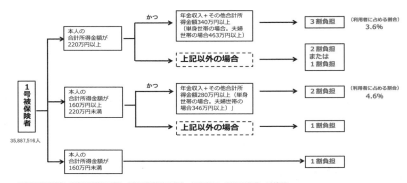

(出典)厚生労働省第107回社会保障審議会介護保険部会参考資料(令和5年7月10日)

▶図表 6-2　介護保険制度の仕組み

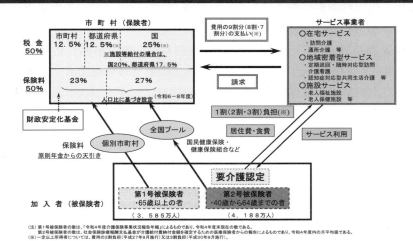

(出典)厚生労働省「介護保険制度について」

③ 介護業界の矛盾と市場原理

(1) 要介護度と区分支給限度額

　介護保険では、介護認定の結果、利用者は要支援1から要介護5、そして自立を含めた8段階の要介護度からいずれかに認定されます。

　認定介護度別に「区分支給限度額」（1カ月に介護サービスを利用できる上限）が定められており、この範囲において利用者は自分の望むサービスを提供する事業者を選択して利用する仕組みです。この限度額を超えた部分は、全額を自己負担することで介護サービスを利用することができます。

(2) 介護保険の矛盾について

　介護報酬は利用者の要介護度によって定められ、提供されたサービスの質に関わらず、基本報酬は提供時間に応じて支払われます。例えば、デイサービスでの機能訓練により利用者の生活機能が改善されて要介護度が下がった場合、その良質なサービスを提供した介護サービス事業者の報酬は下がります。一方、至れり尽くせりの手厚いサービスの提供は結果的に利用者の身体機能を低下させていきますが、介護サービス事業者には提供時間に応じた報酬が支払われます。

　また、利用者の介護計画を立てるケアマネージャー（介護支援専門員）は独立性が求められていますが、介護サービス事業所に併設した場合、併設事業所を中心とした偏った介護計画を作成する傾向にあり、介護サービス事業所もその営業効果を期待して併設しています。

　介護保険制度は、このような矛盾を抱えています。

(3) 自然淘汰の市場原理

　介護サービス事業者は自由競争の中での経営が行われます。介護サービス事業者を選択するのは利用者ですから、質の伴わないサービスや悪質な事業者は利用者から選択されず、必然的に介護市場から淘汰される道を辿ります。逆に、利用者のニーズに合った質の高いサービスを提供

することで利用者は増加し、事業利益も増加します。

　介護保険制度は、経済原理、自由市場原理のもとで、自然な浄化作用をも内包している制度なのです。ここに介護保険の持つ矛盾の回答があります。

④　介護事業のコンビニ化と進む二極化

(1)　介護事業のコンビニ化

　2021年3月末時点の介護事業の上位3つ、訪問介護、通所介護、居宅介護支援事業所は、合計11万5,595事業所数でした。同時期の上位3つのコンビニエンスストア（セブン-イレブン、ローソン、ファミリーマート）の総店舗数は、合計5万2,291店舗です。

　これだけ巷に介護サービス事業所が増えてくると、利用者や家族の目線では「どこの事業所を使っても同じ」という現象が生じます。要は、デイサービスがすべてセブンイ-レブンに見え、訪問介護事業所がすべてローソンに見えているのです。

(2)　進む介護経営の二極化

　介護保険法施行から数年間は、介護事業所数が需要に追いついていないこともあって、利用者獲得に苦労することはなく、結果として利益も計上することができました。

　コンビニ化が進んだことで、介護サービス事業所を開設しただけでは利用者が獲得できなくなり、他の事業所との競争原理の中で伸びる事業所と衰退する事業所の二極化が始まっています。

⑤　介護サービス事業者にとってのリスク

(1)　ローカルリスク

　介護保険法は、国が作った法律を市町村が運用するという「地方分権制」を取り入れた法律です。そのため、運用する市町村によって法律の

解釈や指導方針が異なるという事態が生じています。これを「ローカルルール」といいます。

　例えば、多くの地域では許可（指定）申請後1カ月以内に事業者番号が交付され、介護事業を開始することができます。しかし東京都内では、許可（指定）申請の3カ月前に事前の届出を行い、指定された講習を受講しないと許可（指定）申請ができません。実質4カ月を開業までに要します。

　このように地域によって大きく異なる基準が、介護行政においては多数存在します。

　そのため、介護事業に関わる人々がインターネットを通じて情報を得ようとすると、質問者と居住者が同じ地域ならよいのですが、異なる地域の回答はそのままでは使えない場合があります。これを「ローカルリスク」といいます。しかも頻繁に改正が行われるため、同じ地域の回答者であっても、制度改正の前と後では回答が異なる場合があります。インターネット情報を鵜呑みにするのではなく、必ず行政や専門家などに確認する必要があります。

(2) コンプライアンス・リスク

　介護事業は国の許可事業であり、所轄する役所の指導管理下での営業となります。そのため、定期的な行政の検査が行われます。これが「運営指導」です。許可（指定）を受けてから1年前後と、6年に一度の指定更新の前後が、最も入りやすい時期と言えます。

　運営指導において何らかの改善すべき問題が見つかった場合は「改善指導」がなされ、それが重大な法令違反である場合は、厳格な「監査」に切り替わります。そこで重大な違反が確認された場合は、行政処分が行われます。違反の程度によって、介護報酬の返還請求等の軽いものから、業務停止処分、そして最も重い指定取消処分などの行政処分があります。

　介護保険法施行から数年の間は小規模零細事業者が多く税務署の調査も一部の大規模事業者に限られていたようですが、近年は税務署の調査

▶図表6-3　運営指導・監査の実施に関する推移

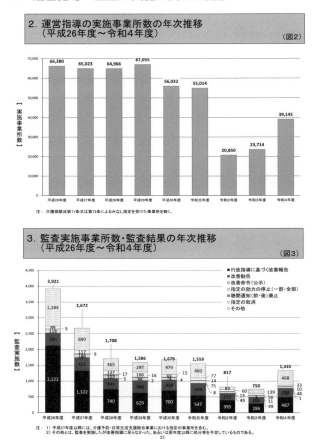

（出典）厚生労働省「全国介護保険・高齢者保健福祉担当課長会議資料」

も入りやすい状況になっています。労働基準監督署の監査も、小規模事業所に対しても行われています。経営者は実地指導のみならず、税務署や労基署対策も常に行うことが求められます。

(3)　税務調査～源泉所得税

「指定居宅サービス等及び指定介護予防サービス等に関する基準につ

いて（平成11年9月17日老企第25号厚生省老人保健福祉局企画課長通知）」（以下、「老企25号」という）という解釈通知には、訪問サービスを提供する職員は雇用契約の締結が必要であると定められています。雇用契約を結ぶことは社員であることを意味しますので、毎月の給与から源泉所得税を徴収しなければなりません。その徴収義務は雇用する会社にあります。

　税務署の調査で、この源泉所得税を徴収していないと指摘され、多額の税金を払うことになる事例が増えています。また源泉所得税をめぐる税務署の調査は、社会福祉法人が対象の場合でも行われます。

　毎月の給与とともに支給する交通費についても、注意が必要です。電車やバスなどの公共交通を利用する場合とマイカー通勤の場合とでは、源泉所得税の計算が異なるからです。交通費として公共交通の定期券代を支払っているが、実際はマイカーで通勤しているようなケースは、実態によって判断されます。異なる場合は税務調査で指摘されます。

　また、介護事業の許可（指定）は法人に対して行われますので、会社の決算に基づいて法人税の確定申告を行います。「確定申告書を提出すれば終わり」ではなく、会社規模や内容にもよりますが、実地指導同様に税金の申告内容の確認調査が、税務署によって行われます。その調査対象は法人税、源泉所得税、消費税、印紙税など多岐にわたります。

(4) 制度改正のリスク

　新規開業した介護サービス事業者がやっと軌道に乗った途端、制度改正が行われ、今までのやり方が通じなくなる。もしくは、介護報酬が大幅に改定されて経営のやり方自体を軌道修正する必要に迫られる。介護保険の行政では、これまでも多くの制度改正が行われ、その度に介護サービス事業者は経営計画の修正を迫られてきました（**第4節**参照）。

　制度改正は、介護サービス事業の経営にとって非常に大きなリスクであると言えます。

第3節

制度としての介護保険の特徴

1. 介護保険と医療保険の制度の違い

(1) 大きな違いは報酬制度

　医療保険と介護保険との大きな違いは、報酬制度にあります。医療の場合は基本的に点数制で、治療に必要な医療を施した結果として、完治するまで利用に上限の定めはなく、規定の点数を積み上げての請求となります。介護保険の場合は単位制であり、区分支給限度額という要介護認定に応じた月の利用上限額が決められています。また介護報酬の請求方法は、制度開始当初より伝送請求です。

(2) 介護は日常的に利用、医療は病気のときに利用

　医療保険が病気やけがの時に使うのに対して、介護保険は日常的かつ継続的に介護サービスの提供を受けるために使います。そのため、季節条件などに左右されずに年間を通じて継続的に利用されるため収入が安定して見込めることが大きなメリットです。

　また、医療制度では「患者」、介護制度では「利用者」と呼びます。

(3) ケアマネージャーと医師

　介護保険では、ケアマネージャー(注)が利用者に係る介護の全般を集中管理することが特徴です。介護認定申請の代行から、ケアプラン（介護サービス等の提供についての計画）の作成、介護事業者の選定、モニタリング管理、給付管理等を行い、利用者の状況を毎月の訪問の中で確認し、本人や家族の要望を受けながら介護事業者に指示します。医療保険における医師の役割にも似ています。

　（注）ケアマネージャーは介護保険制度独自の資格で、介護認定を受けた利用者

からの相談を受けてケアプランを作成し、訪問介護やデイサービスなどの介護サービス事業者との連絡や調整等を取りまとめる役割を担っています。また、介護給付の管理も行います。ケアマネージャーになるためには都道府県の実施する介護支援専門員実務研修受講試験に合格して、介護支援専門員実務研修の課程を修了し、介護支援専門員証の交付を受けなければなりません。

(4) 医療から介護への参入の増加

　診療報酬の減少傾向が今後も見込まれ、医療と介護の連携強化が国の方針でもあることから、医療業界から介護事業への参入は年々増加しています。主に医療系のサービスである、居宅療養管理指導、介護老人保健施設、デイケア、訪問看護などが中心ですが、福祉系のサービスである、訪問介護やデイサービスへの医療法人の参入も増えてきています。またサービス付き高齢者向け住宅等を活用したベッドコントロールや訪問診療も、注目されるようになってきました。

　医療法人の高齢者住宅への参入増加に伴って、介護サービスに本格的に参入する医療法人も増加傾向にあります。もはや医療法人にとって介護は副業ではなく、経営の柱としての認識が進んでいます。

　現在の介護保険法では医療・介護・住まいの地域における連携をその主幹とする「地域包括ケア」が掲げられていますが、その中にあって医療と介護の一体的な提供は、医療から介護への参入によってのみ実現可能で、今一番求められる地域貢献と言えます。

介護サービス利用の流れ

　介護サービスの利用は、次のような流れで行われます。
　ケアマネージャーが利用相談を受ける業務から要介護認定の申請代行、ケアプランの作成や毎月の管理などの一連の業務のすべてを介護給付で賄いますので、利用者の負担は一切ありません。

> 1　役所の介護保険課などに相談
> ↓
> 2　役所の窓口で手渡される地域内のケアマネージャー一覧表からケアマネージャーを選択して介護サービス利用について相談する
> ↓
> 3　ケアマネージャーが状況を確認した上で、要介護認定の申請手続きを代行する
> ↓
> 4　所定の審査を経て、要介護度が確定
> ↓
> 5　ケアマネージャーがケアプランを作成して、利用するサービスの種類、改善目標、サービスの提供内容と頻度、担当する介護事業者などを決定する
> ↓
> 6　サービス提供開始後は、ケアマネージャーが毎月1回以上利用者宅に訪問してモニタリングを行い、利用表、提供表を利用者と介護事業者に交付する

　介護保険制度は、ケアマネージャーが中心となって利用者の介護支援体制を組み立てて管理する仕組みです。これをケアマネジメントと呼びます。同時に給付管理を行い、介護事業者が勝手にサービスの提供を行って報酬を請求できないようにする役割も担います。制度上、ケアプランはケアマネージャーが作成することが一般的ですが、利用者本人が自己作成することも認められています。

　そのため、介護事業者が利用者獲得のために営業を行うのは、ケアマネージャーです。もちろん、一般向けにチラシや営業訪問、広告なども必要ですが、現実的には9割はケアマネージャーに対しての営業となります。

③ ケアマネジメントプロセス

(1) ケアマネジメントプロセスの流れ

　ケアマネジメントプロセスは、すべての介護サービスに共通する重要な工程です。実地指導における介護報酬の返還指導等も、多くがケアマネジメントプロセスに従ったサービスを提供していないことによるものです。次のような流れとなっています。

1　アセスメント
　　要介護者の能力・環境の評価を通じて抱えている問題を明らかにし、支援する上で解決すべき課題を分析・把握する

2　プランニング
　　総合的な援助方針と目標を設定するとともに、1に応じた介護サービス等を組み合わせて介護計画を策定

3　サービス担当者会議
　　1および2について、事業所内のケアカンファレンス等により支援に関わる専門職の間で検証・調整し、認識を共有した上で（多職種協働）、介護計画を策定

4　モニタリング
　　介護計画に基づいたサービスを実施するとともに、継続的に目標の達成状況、それぞれのサービスの実施状況と利用者の変化等を把握し、介護サービスの内容等の再評価・改善を図る

---

(2) 訪問介護でのプロセス事例

　訪問介護事業所は、独自のアセスメントを行ってアセスメントシートを作成した後に、ケアマネージャーが作成するケアプランに基づいて訪問介護計画書の素案をサービス提供責任者が作成し、利用者または家族に説明して同意を得ます。この同意の時点で、素案は本プランとなります。同意の証として、必ずサインか印鑑をもらいます。

同意された訪問介護計画に基づいて、訪問介護員（ホームヘルパー）が利用者にサービスを提供します。サービス提供の後には、都度、その提供の記録としてサービス提供記録が作成されます。

　介護計画書の目標が達成されたか否かの評価を行う作業がモニタリングです。モニタリングを行う頻度に定めはありませんが、その性格上1〜3カ月ごとに行うことが求められます。

　モニタリングの主な評価項目は、①目標の達成状況、②プランに基づいたケアが実施されているか、③利用者や家族のニーズはどうか、④サービス担当者の意見、評価、要望、⑤利用者の状況の変化、です。これらをモニタリングシートに記録します。

　モニタリングの結果、目標が達成された、もしくは状況に大きな変化があった場合は介護計画を見直し、再びアセスメントからのケアマネジメントプロセスに戻ります。

　訪問介護計画書の作成、見直しをするタイミングは、利用者の新規契約時、指定更新時、区分変更時、状況に大きな変化があった場合、そしてモニタリングの結果として目標が達成されたと評価された時点となります。

④ 記録主義の介護行政

(1) 「記録」の作成が必須

　サービス提供記録、支援経過記録、ケアカンファレンス記録、機能訓練記録、夜勤業務記録など、介護サービスの運営においてはいろいろな「記録」を作成する必要があり、介護サービスは「計画」によって実施され、「記録」によって確認・報告されるシステムになっています。

　例えば、会社員が出張経費を精算するときには、必ず領収書という証憑書類を提出しなければ経理部門は旅費費用を払ってくれません。同様に、介護サービスにおいては「記録」と「保管」がないと、サービス提供の事実が確認できないとして認められません。運営指導などにおいても、この記録に基づいて指導されます。サービス提供の事実が確認でき

ないとして、介護報酬の返還指導をされる場合もあります。

記録に記載しなければならない項目は通知などで決められていますので、漏れなく記載する必要があります。記録は利用者または家族の求めに応じていつでも開示しなければなりませんので、綺麗な字で丁寧な文章で書くことが大切です。

(2) 記録書類の保管義務

介護サービスの提供に関する記録は、「その完結の日から２年間の保存」が義務付けられており、「完結の日から２年間」とは、サービスが終了した時点から起算して２年となります。

つまり、サービス提供が継続している利用者の記録は、何年経過しても処分できません。介護報酬請求書類、請求書・領収証等の請求に関わるものの時効は５年ですから、一般には５年間の保存が必要です。近年は、提供の記録を含めて、すべての書類について５年間の保存を求める役所が多くなっていますが、ローカルルールがありますので確認が必要です。

5 個人情報保護

(1) 個人情報の範囲

介護サービスを提供する上で個人情報を含むものとしては、ケアプラン、介護サービス提供にかかる計画、提供したサービス内容等の記録、事故の状況等の記録等があります。

(2) 個人情報利用の同意書

新規利用者との契約時には、契約書、重要事項説明書とともに「個人情報利用の同意書」を取ります。

これは、ケアマネージャーが開催するサービス担当者会議において、業務上で知り得た個人情報をサービス担当者会議の参加者間で共有してもよい、という同意書です。

サービス担当者会議とは、その利用者の関わるすべての介護サービス提供事業者が参加してケアマネジメントを行う会議です。当然、個人情報を共有できなければ適切なケアマネジメントもできません。

　この同意書を取る場合、「利用者個人の同意とともに家族の同意も必要」、との役所側の指導があります。同居家族などの状況も会議で共有しないと、適切なケアマネジメントができないからです。必ず、個人情報利用の同意書には、利用者の同意欄とともに、家族の同意欄も設けることが必要です。この場合、完全な独居の方や家族がいるけれども疎遠になっている場合の家族の同意は、不要です。また、同意書の文中に利用者の写真などをホームページで使用すること等の同意条項なども含めることは、適切ではありません。この場合は、別に同意書を交わすようにしてください。

(3) 書類の保管

　個人情報保護の観点から、ケアプランや個人カルテなどは、必ず鍵の付いた書庫などに保管することが義務づけられています。また、当日の利用者の書類が机の上に出しっぱなしなど、誰でも自由に閲覧できる状態であってはなりません。サービス提供表をFAXなどでやり取りする場合も、個人情報が特定できないよう、被保険者番号や個人名、住所などは読み取れないように消すなどの配慮が必要です。

(4) 職員から誓約書を取る

　直接、利用者と触れ合う職員には、入社時と退社時に、在職中に知り得た利用者の個人情報は決して他言しない旨の誓約書を取ることも、重要な手続きです。

(5) インターネットセキュリティ

　近年、ウイルスやランサムウェアなどに対するセキュリティ対策が急務となっています。実際、全国各地で被害が報告されています。

⑥ 許可（指定）申請などの諸手続き

⑴ 許可（指定）申請の流れ

　在宅サービスであれば、「指定居宅サービス等の事業の人員、設備及び運営に関する基準」（平成11年３月31日厚生省令第37号。）に示された各基準を満たすことが必要です。地域によって許可基準や手続きにローカルルールがありますので、事前に役所に確認する必要があります。

　申請書類や添付書類は、各役所のホームページからダウンロードして利用します。

　申請時点で雇用する職員を確定して、雇用契約書または確約書と勤務予定表を添付しなければなりません。また、申請までに職員募集を完了させておく必要があります。さらに設備関係の写真も添付しますので、物件の契約と備品類の購入を済ませておく必要もあります。

　事前準備が整い、申請書類の作成を終えたら、申請手続を行います。提出した書類に不備の指摘があれば修正、再提出が必要ですので、何度か差戻しがあることを想定して余裕を持って申請します。なお、申請書類の提出は、2025年度までにすべての自治体において電子申請システムを利用して行えるよう、オンライン化が進められています。

⑵ 事業所番号交付までの時間

　一般的には、申請書類提出から約１カ月程度で事業所番号が交付されて事業を開始することができます（お盆や年末年始等は役所の担当者が交代で公休を取るため、通常より時間がかかる場合がある）。ただし、東京都は申請書提出の３カ月前に事前申請を行い、指定の講習を受講する必要がありますので、事業所番号の交付まで約４カ月かかると考えてください。

　国保連への介護報酬の伝送請求のためのインターネット回線の確保や日常の運営で必要な書類関係、職員研修、事前営業などもこの申請期間中に行います。

(3) 事業所番号取得後の手続き

地域の国保連合会に、介護報酬請求手続のための登録とIDの申請が必要です。これが遅れると、最初の請求が1カ月遅れる場合があります。

また、生活保護受給者の受入れの届出も行います。この手続きを忘れると、生活保護者の1割負担分の役所からの支払いを受けることができません。税務署や労働関係法令に定める開業時の手続きも、忘れずに行います。

(4) 介護タクシーの申請

介護タクシーの手続きは、地方運輸局（いわゆる陸運局）で行います。運送事業の一種である「一般乗用旅客自動車運送事業（福祉輸送事業限定）」の許可を取得します。この手続きは行政書士が代行できます。

車両は、1台は事業用自動車として緑ナンバーの福祉車両を使用し、運転手は普通自動車二種免許を持っていることが必要ですが、2～5台目は「ぶら下がり許可」（自家用自動車有償運送許可）という、自家用自動車で白ナンバーの車両を、普通免許（普通自動車第一種運転免許）で輸送できる特例があります。

「福祉輸送事業限定」では、一般の乗客を乗せることはできず、介護認定または障害認定を受けた者だけを乗せることができます。

料金は「タクシーの運賃＋介助料＋車いすや寝台などの介護機器レンタル料金」で構成され、柔軟に決めることができます。

 ## 生活保護

(1) 市町村が1割負担分を支給

高齢者の生活保護対象者は非常に多く、例えば、特養（特別養護老人ホーム）や老健（介護老人保健施設）の入所者の1割以上が生活保護受給者と言えます。独居高齢者の増加と身寄りのない高齢者が増加していることが一因です。

生活保護者の利用制限としては、ケアプランの自己作成が認められず、ケアマネージャーにケアプランの作成を依頼することが必要です。

介護サービス事業者が生活保護受給者である利用者に介護サービスを提供した場合、国保連に介護報酬を請求すると、利用者自己負担額1割分の利用料が国保連請求額と一緒に振り込まれてきます。利用者からの集金の必要がなく、焦げ付きの心配もない、優良な利用者であると言えます。

(2) 介護券

生活保護の認定はその性格上、毎月行われるため、介護事業所に対して役所から「介護券」とよばれる生活保護対象者である旨の通知書が毎月送られます。この介護券が届いた利用者に提供した介護サービスの介護報酬は、一般の請求と一緒に国保連に伝送請求されて全額が入金されます。

注意点は、必ずしも全額が市町村の負担とならず、自己負担額が発生する場合がある点です。介護券に記載される自己負担額の確認は必須です。

8 負担限度額

介護保険の費用負担の概要は**図表6-4**のとおりですが、介護施設サービスを利用する場合には、食費・居住費といったホテルコストが全額自己負担となります。このホテルコストが低所得者の負担増にならないよう、利用者の所得に応じて負担限度額が設けられており、低所得者は負担限度額までが自己で負担すべき金額となります。

▶図表6-4　負担限度額

高額介護（介護予防）サービス費の概要について

月々の介護サービス費の自己負担額が世帯合計（個人）で上限額を超えた場合に、その超えた金額を支給し、自己負担を軽減する制度。

所得段階	所得区分	上限額
第1段階	①生活保護の被保護者 ②15,000円への減額により生活保護の被保護者とならない場合 ③市町村民税世帯非課税の老齢福祉年金受給者	①個人15,000円 ②世帯15,000円 ③世帯24,600円 　個人15,000円
第2段階	○市町村民税世帯非課税で［公的年金等収入金額＋その他の合計所得金額］が80万円以下である場合	世帯24,600円 個人15,000円
第3段階	○市町村民税世帯非課税 ○24,600円への減額により生活保護の被保護者とならない場合	世帯24,600円
第4段階	①市町村民税課税世帯～課税所得約380万円（年収約770万円）未満 ②課税所得約380万円（年収約770万円）以上～同約690万円（同約1,160万円）未満 ③課税所得約690万円（年収約1,160万円）以上	①世帯44,400円 ②世帯93,000円 ③世帯140,100円

●個人の高額介護（介護予防）サービス費の支給

（利用者負担世帯合算額 － 世帯の上限額）× 個人の利用者負担合算額 / 利用者負担世帯合算額

⇒ 高額介護サービス費の支給：保険給付の1割（または2割・3割）負担分の合計額が上限額を超えた場合、申請により超過分が払い戻される。

（出典）厚生労働省第107回社会保障審議会介護保険部会参考資料（令和5年7月10日）

　この制度の対象になるのは、利用者負担段階が第1段階から第3段階の利用者です。負担限度額の利用手続は、負担限度額認定申請を行って認定を受けます。認定の有効期間は、原則として申請日の属する月の初日から毎年6月30日までとなります。引き続き認定を継続するためには、期限までに更新の申請を行います。認定基準は、前年の世帯の課税状況並びに本人の所得と課税年金の合計額によって判断されます。
　負担限度額の対象となる介護サービスは、①介護老人福祉施設（居住費・食費）、②介護老人保健施設（居住費・食費）、③介護医療院（居住費・食費）、④短期入所生活介護（滞在費・食費）（介護予防を含む）、⑤短期入所療養介護（滞在費・食費）（介護予防を含む）、⑥地域密着型介護老人福祉施設入所者生活介護（居住費・食費）です。

第4節

介護保険法施行から現在までの流れ

介護保険法成立から介護報酬削減まで

　介護保険制度の改正や介護報酬の大幅改定は、事業者に対し、経営計画の修正を迫るものです。ここでは、介護保険制度の変遷がどのような影響を及ぼしてきたかを紹介します。

▶図表6-5　介護保険制度をめぐる主な出来事

1963年	老人福祉法施行
1982年	老人保健法施行
1987年	老人保健法改正 老人保健施設創設、介護福祉士・社会福祉士創設
1989年	ゴールドプラン発表、ケアハウス創設
1990年	老人保健法等福祉八法の改正
1994年	新ゴールドプランの策定
1995年	高齢社会対策基本法の制定
1997年	**介護保険法成立**
1999年	ゴールドプラン21の策定
2000年4月	**介護保険法施行**
2003年4月	☆**介護報酬改定** 地域包括ケアシステムの実現に向けた取組み開始
2005年6月	■**介護保険制度改正** 介護認定者の4割近い利用者が介護給付の対象から外れて新予防給付を受けることになり、家事援助の利用が制限される
2006年4月	☆**介護報酬改定**
2007年	介護保険給付の総額が初めて減少し、不正請求問題が社会問題化
2008年4月	後期高齢者医療法施行　介護事業所の倒産事例多発
2009年4月	☆**介護報酬改定** 改善交付金が導入され加算制度を多用した給付改定を実施
2010年4月	■**介護保険制度改正** 介護職員処遇改善交付金に名称を変更（2011年度末まで実施）

2010年11月	安心と希望の介護ビジョンとりまとめ
2012年	**☆診療報酬・介護報酬同時改定** 介護職員処遇改善交付金から介護職員処遇改善加算に変更 団塊の世代が65歳に到達開始
2015年	**■☆介護保険制度改正と介護報酬の改定** 介護予防・日常生活支援総合事業の創設、団塊の世代全員が65歳以上に
2018年	**☆診療報酬・介護報酬同時改定** 3月末に要支援者に対する訪問介護、通所介護の介護予防・日常生活支援総合事業への移行完了 介護保険サービスの利用者の一部の自己負担を3割に引上げ
2019年10月	**☆介護報酬改定** 「介護職員等特定処遇改善加算」創設
2020年	**■介護保険制度改正**
2021年	**☆介護報酬改定** BCP策定義務化 LIFE関連加算の創設
2022年	**☆診療報酬・介護報酬同時改定** 介護職員等ベースアップ等支援加算創設
2024年	**☆介護報酬改定** 3つの処遇改善加算の一本化
2025年	**■介護保険制度改正** 団塊の世代全員が75歳以上に
2050年	日本人の2.5人に1人が65歳以上に

(1) 介護保険法成立まで

　1982年に訪問介護が所得税課税世帯でも利用可能となり、1989年4月の消費税導入に合わせて、12月には高齢者の増加を見越した「ゴールドプラン」が策定されます。1992年に訪問看護が創設され、1994年4月に厚生省が高齢者介護対策本部を設置されると、介護保険制度の本格的な検討に着手しました。同年3月、「21世紀福祉ビジョン」が公表されて、介護保険制度に繋がっていきます。12月には「新ゴールドプラン」が策定され、ホームヘルパー17万人、デイサービス/デイケア1.7万カ所、在宅介護支援センター1万カ所、訪問看護5,000カ所、特養24万床、老健

29万床といった目標が具体化しました。

そして1997年12月9日、介護保険法が成立しました。高齢者介護対策本部は介護保険制度施行準備室となり、老人保健福祉局に統合されました。

(2) 走りながら考える制度の構築

2000年4月の介護保険法施行までの導入期間において、様々な検討が行われました。現在の介護報酬改定の重要な論点である成果型報酬（成功報酬）も、1998年6月29日の医療保険福祉審議会介護給付費分科会の論点となっています。

制度の肝であるケアマネージャーについては、1998年4月10日介護支援専門員に関する省令が公布されています。ケアマネージャーについては、制度の施行時に4万人以上の育成が必要であるとされました。

また、認知症対策として、当時スウェーデンで普及が進んでいたグループホーム（GH）の整備が急務とされました。1999年3月には103カ所しかありませんでしたが、同年12月の「ゴールドプラン21」で2004年度末までに3,200カ所とする計画が盛り込まれています。

グループホーム（GH）と併行して、介護施設のユニット化の促進や身体拘束ゼロへの取組みも取り上げられています。当時の医療では抑制とよばれる身体拘束が当然視されていた中で、身体拘束禁止は大きな進歩でした。

介護予防の推進も施行当初から掲げられ、2000年度の予算では、介護予防・生活支援事業に367億円の予算が付いています。

要介護認定システムの認定プロセスにおける透明性と一次判定ソフトによるコンピュータ認定の客観性は革新的であったと言えます。要介護認定は1999年10月からスタートしました。

営利法人の参入と自由経済市場への転換

(1) 措置時代の介護サービス

介護保険法により、措置の時代に参入を認めていなかった営利法人の

参入が解禁されました。

　介護保険法施行前の措置の時代は、利用が低所得者などに制限され、介護事業の許可も一部の医療法人と社会福祉法人しか取ることができませんでした。介護サービスの利用の可否、利用する施設は役所が決定する仕組みだったため、特別養護老人ホームなどは役所から紹介されてくる利用者を受け入れればよく、営業を考える必要がありませんでした。介護事業は医療法人にとって副業的な位置付けであったため、空床リスクの低い長期滞在型の特養化した介護老人保健施設が多数存在しました。介護報酬も安定して高水準だったため、当時の介護職員の給与体系は公務員の給与体系に準じて、法人内に労働組合がある施設も多かったようです。社会福祉法人には必ず役所のOBが役職者として勤務していました。

(2)　保護市場から自由経済市場に

　介護保険法によって一気に利用者が増えると、介護サービスを提供する事業所が圧倒的に少なく、そこに勤務する介護職員の育成と確保が急務となりました。そのために営利法人の参入が認められ、参入を促進するために介護報酬も高く設定されました。

　これにより営利法人の参入が加速し、介護資格ブームが起こり、主婦層を中心に競ってホームヘルパー資格が取得されました。この時代に資格を取得したホームヘルパーやケアマネージャーが、現在までの介護保険サービスを支えることとなります。

　また、営利法人の参入によって経営環境が自由経済市場へと一気に変貌し、競争の中で経営体力やマネジメント力の低い事業者は自然淘汰されることとなりました。

　それでも、2015年3月までは在宅サービスの介護報酬が平均収支差率8％弱という高い水準で保たれ、経営者は取り立ててマネジメントをしなくても、一般企業並みの収益を確保できました。

　しかし、2015年の介護報酬改定で実質改定率がマイナス4.7％の大幅なダウンとなると、一気に一般の中小企業並みの3.3％まで落ち込み、

経営体力の弱い事業者が倒産や廃業に進み、介護事業の倒産件数も増加することとなりました。

3 「施設から在宅へ」の流れ

　介護保険制度は、スローガンの一つとして「施設から在宅へ」を掲げています。介護保険法は高齢者の尊厳と自立支援を謳っており、可能な限り在宅で過ごすことのできる在宅限界を高めることを理念としています。

　そのため、在宅サービスの充実に焦点が置かれ、介護施設の介護報酬は、2003年、2006年の報酬改定でマイナス査定が続きました。また2005年10月には、施設の食費、居住費のホテルコストが自費扱いとされ、行政同様の予算消費主義で給与も公務員に準じるような経営では事業が成り立たなくなり、経営体質の改善を迫られる介護施設が増加することとなりました。

　介護老人保健施設は、2017年介護保険法改正で在宅復帰施設の役割が追記され、長期滞在型である特養化した介護老人保健施設が大きな方向転換を迫られました。

　また、いわゆる老人病院から転換となった介護療養型医療施設は、2006年度制度改正で廃止が決定された後も転換が進まず、廃止期限が延期され、2018年の制度改正で介護医療院が新たな転換先となるなど制度に翻弄された挙句、2024年3月をもって全面的に廃止となりました。

　近年は、自治体が運営する介護施設の民間への移譲も加速していますが、総じて給与水準が高く、労働組合の存在などもありなかなか進まない状況です。

4 主なサービスと改正の影響

(1) 通所介護

　通所介護は、2010年前後にその事業所数が最も急拡大した介護サービ

第4節　介護保険法施行から現在までの流れ　135

スです。地域密着型を含めると4万3,000事業所と、大手コンビニエンスストアの店舗数にほぼ匹敵しました。

人気となったのが、民家を活用した定員10人程度の小規模デイサービスでした。民家を賃貸することで設備投資が大幅に抑えられ、定員が10人までは看護職員の配置が不要なため、人件費も低く抑えられます。介護報酬単位も非常に高く設定されていたため、費用対効果の投資効率が非常に高いことが新規参入者にとって最大の魅力でした。

この民家型の小規模デイサービスにお泊まりサービスを組み合わせると、開業後の稼働率が短期間で高まり経営が安定したため、この「お泊まりデイサービス」はフランチャイズ展開が進み、多くのFC会社が立ち上がり、事業所数の拡大を後押ししたのです。一方、急成長によって一部の悪質な運営をする事業所の存在が問題視されるようになり、お泊まりサービスのイメージ悪化につながりました。

その結果、2015年の制度改正でお泊まりサービスを提供する場合は届出が必要となり、同時にガイドラインも公表されました。それまでグレーゾーンであったお泊まりサービスが正式に認められることとなった一方、行政の規制が入り、介護報酬も大きく減額されました（2016年からは定員18人以下のデイサービスは「地域密着型通所介護」として、市町村の管理下に置かれています）。

さらに同年、消防法の改正により民家を使った介護事業でもスプリンクラーの設置が義務化されました。2018年3月まで経過措置が設けられましたが、設置には400万円程度の設備投資が必要で、介護報酬が大きく減額された影響と相まって、資金的な余裕がない事業所が増え、お泊まりサービスは減少に向かいました。

(2) 訪問介護

訪問介護サービスは介護保険創世期には花形のサービスでホームヘルパー資格が主婦層から注目され、専門学校は多くの受講者で一杯でした。しかし20年を経過した今、訪問介護の有効求人倍率は15倍を超え、人手不足倒産の件数でも断トツのトップです。

訪問介護職員の平均年齢は他のサービスに比べて高くなっており、介護保険創世期にヘルパー資格を取ったスタッフが訪問介護を支えていて、新しい資格者が増えていない現状が見え隠れします。

　訪問サービスを担当する職員は初任者研修修了者以上の資格が必要とされ、時間と費用をかけて資格を取得しなければなりません。これから介護の仕事をしようとする人は、デイサービスや介護施設の介護職員のように資格がなくても仕事ができる介護サービス事業者への就職を考えるでしょう。介護施設などに就職すると、実務者研修を経て介護福祉士を取ることができるため、そのまま定着して、訪問介護に人材がまわって来ない状況となっています。一時期は訪問介護サービス事業者が初任者研修の取得費用の一部などを補填する取組みも目立ちましたが、今は尻すぼみの状況です。

　また、いの一番に給与面を改善し、職員の確保と定着を促進すべきであるにもかかわらず、訪問介護は他のサービスに比べて介護職員等処遇改善加算の算定状況も算定率は低くなっています。

　さらに、小規模零細の事業所が多いのも特徴で、経営者の高齢化に伴う後継者不足の問題も浮上しています。

(3) 小規模多機能型居宅介護

　「小規模多機能型居宅介護」は、民間で通い、訪問、宿泊を提供していた「宅老所」をモデルとして、2006年の介護保険法改正で創設されました。中重度者の在宅ケアを支援するサービスで、「しょうたき」と略称されます。介護報酬は月額の定額制を採っています。

　誕生から10年を過ぎましたが、未だに経営が難しいサービスというイメージが強く、半数以上が事業収支がトントンか、赤字であるとされます。その原因は、サービスのコンセプトがわかりにくいことが第一でしょう。既に訪問介護、通所介護、短期入所という介護サービスが普及した中で、このサービスを選択する理由が伝わりにくいのです。

　また、内部に施設ケアマネージャーが配置されることから、居宅介護支援事業所にとって紹介のメリットがないことも大きいと言えます。

そのため、比較的経営が安定しているのは、有料老人ホームなどの高齢者住宅の併設型か病院や介護施設を中心に、既存のサービスを必要に応じて組み合わせることができる、多角的に介護サービス事業を運営している事業者であることが多いです。

　小規模多機能型居宅介護をベースに、「訪問看護」を追加し重度者を想定した「複合型サービス」も2012年に創設されました。サービス内容がイメージしにくいとの理由で、2015年に「看護小規模多機能型居宅介護（かんたき）」に名称が変更されています。こちらも看護職員の確保に苦戦することが多く、やはり経営を安定させるためには事業が多角的な運営であることが必要で、単独での運営は敷居が高いと言えます。

(4)　定期巡回随時対応型訪問介護看護

　「定期巡回随時対応型訪問介護看護」は、2012年に創設されたサービスです。中学校の通学区をサービス提供エリアと捉え、エリアごとに1拠点設置することが基本とされました。

　サービスは、各エリアを一つの介護施設と見立てて、あたかも介護職員が施設であるがごとく、定期的に訪問サービスを提供します。またコールセンターを設けて、病院のナースコールに対応するように急な呼出しにも随時対応しています。中重度者の利用を前提に設計されたサービスのため、軽度者の介護報酬は極端に低いです。

　当初は有料老人ホームなどの高齢者住宅の入居者中心のサービスが認められましたが、2018年改正で同一建物の利用者の報酬が減額され、地域へのサービス提供により利用者を確保するよう求められています。

　このサービスも、高齢者住宅に併設することで基本収支を安定させて、地域にサービス提供範囲を拡大することが基本的なビジネスモデルです。

　また、定期巡回のスケジューリング、職員シフトの調整や引継ぎ事項などの伝達の必要性から、ＩＣＴ化が進んでいます。

(5) 注目される保険外サービスと共生型サービス

　介護保険サービスは、介護保険法が高齢者の尊厳と自立支援を謳っていることから、ケアプラン利用者にとって必要最小限のサービスを提供するために組まれます。100％必要なサービスを求める場合は、保険外サービスを利用することになります。

　2016年9月5日、公正取引委員会が「介護分野の改革を促す報告書」を公表し、同月12日の第1回未来投資会議で介護保険サービスは公的保険外サービスとの組み合わせが必要と打ち出されると、介護保険制度における介護保険外サービス推進のための規制緩和の議論が高まり、同年10月6日、政府の規制改革推進会議において、介護サービス改革の論点の一つとして「介護サービスの多様化」が決まりました。

　その後、2018年9月28日に「介護保険サービスと保険外サービスを組み合わせて提供する場合の取扱いについて」（平成30年9月28日老推発0928第1号、老高発0928第1号、老振発0928第1号、老老発0928第1号）が発出され、通所サービスを中心に混合介護に関する規制緩和が実現しました。東京都豊島区を特区として混合介護（豊島区では「選択的介護」という）の実験モデルが実施されましたが、良い成果を残すことはできませんでした。

　また、2018年度制度改正においては、介護保険サービスと障害福祉サービスを一体的に提供する「共生型サービス」もスタートしました。ここで介護サービスは一気に多様化の時代を迎えるはずでしたが、普及は進まずに現在に至っています。

　介護事業は、スケールメリットの追求による利益率の向上と複数の事業を併設する多角経営化が急務です。中でもビジネスケアラーのニーズが高まっていることから、介護保険外サービスの市場が再び注目されています。

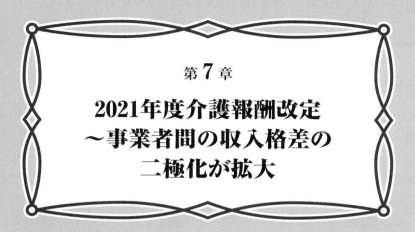

第7章

2021年度介護報酬改定
～事業者間の収入格差の
二極化が拡大

第1節 2021年度介護報酬改定のポイント

1. 0.7％のプラス改定

　2021年1月18日の社会保障審議会介護給付費分科会で2021年度介護報酬単位が答申されました。改定率は0.7％のプラス改定でしたが、そのうち0.05％はコロナ対策での特例措置（2021年4月から9月までの半年間の限定措置として全サービスの基本報酬が0.1％上乗せされた）でしたので、実質的な改定率は0.65％のプラスでした。

　基本報酬の上げ幅は小さいと言え、2018年10月に消費税が増税された時と同程度のプラスでしょう。個別のサービスについてみると、訪問介護や訪問看護は1単位の上乗せ、通所リハビリテーション、介護保健施設などは7単位から数十単位のアップでしたが、これも一概には喜べません。通所リハビリテーションでは、リハビリテーションマネジメント加算が基本報酬に包括されたために基本報酬単位が増額になったに過ぎません。介護施設でも、栄養マネジメント加算が基本報酬に包括された分がプラスとなったに過ぎません。

▶図表7-1　令和3年度介護報酬改定の概要

令和3年度介護報酬改定の概要
新型コロナウイルス感染症や大規模災害が発生する中で「感染症や災害への対応力強化」を図るとともに、団塊の世代の全てが75歳以上となる2025年に向けて、2040年も見据えながら、「地域包括ケアシステムの推進」、「自立支援・重度化防止の取組の推進」、「介護人材の確保・介護現場の革新」、「制度の安定性・持続可能性の確保」を図る。
改定率：＋0．70％　※うち、新型コロナウイルス感染症に対応するための特例的な評価　0．05％（令和3年9月末までの間）

（出典）厚生労働省「令和3年度介護報酬改定の主な事項について」

② サービス提供体制強化加算の厳格化

さらに、この改定でサービス提供体制強化加算に新たな上位区分が設けられたことに伴って、従来の下位区分が統合され従来の加算Ⅱの算定要件が「勤続３年以上の介護職が30％以上」から「勤続７年以上が30％以上」へと変更され、６単位／回の加算が算定できなくなる事業所が相当数出ました。

介護報酬改定では、プラス改定と言ってもすべての事業者の収入が一律に0.7％上がる訳ではないのです。新設された上位区分の報酬を算定できる場合は増収となりましたが、現状維持の場合は大きく減収となりました。事業者間の収入格差が拡がり、二極化が拡大しました。

▶図表７－２　サービス提供体制強化加算の厳格化

４．（１）介護職員の処遇改善や職場環境の改善に向けた取組の推進（その２）

サービス提供体制強化加算における介護福祉士が多い職場の評価の充実

■　**サービス提供体制強化加算において、サービスの質の向上や職員のキャリアアップを推進する観点から、より介護福祉士割合や勤続年数の長い介護福祉士の割合が高い事業者を評価する新たな区分を設ける。訪問介護、訪問入浴介護、夜間対応型訪問介護の特定事業所加算、サービス提供体制強化加算において、勤続年数が一定以上の職員の割合を要件とする新たな区分を設ける。**【告示改正】

サービス提供体制強化加算対象サービス

○　各サービス（訪問看護及び訪問リハビリテーションを除く）について、**より介護福祉士の割合が高い、又は勤続年数が10年以上の介護福祉士の割合が一定以上の事業者を評価する新たな区分**を設ける。（**加算Ⅰ：新たな最上位区分**）

（※）施設系サービス及び介護付きホームについては、サービスの質の向上につながる取組の一つ以上の実施を算定要件として求める。

○　定期巡回・随時対応型訪問介護看護、通所系サービス、短期入所系サービス、多機能系サービス、居住系サービス、施設系サービスについて、**勤続年数要件について、より長い勤続年数の設定に見直す**とともに、介護福祉士割合要件の下位区分、常勤職員割合要件による区分、勤続年数要件による区分を統合し、**いずれかを満たすことを求める新たな区分を設定**する。（**加算Ⅲ：改正前の加算Ⅰロ、加算Ⅱ、加算Ⅲ相当**）

○　**夜間対応型訪問介護及び訪問入浴介護**について、他のサービスと同様に、介護福祉士の割合に係る要件に加えて、**勤続年数が一定期間以上の職員の割合に係る要件を設定**し、いずれかを満たすことを求める。（**加算Ⅲ**）

○　**訪問看護及び訪問リハビリテーション**について、現行の勤続年数要件の区分に加えて、**より長い勤続年数で設定した要件による新たな区分**を設ける。

（※）改正前の最上位区分である加算Ⅰイ（介護福祉士割合要件）は加算Ⅱとして設定（単位数の変更なし）。

訪問介護

特定事業所加算（Ｖ）　所定単位数の３％／回を加算（新設）

〔**算定要件**〕
○体制要件　※特定事業所加算（Ⅰ）～（Ⅲ）と同様
・訪問介護員等ごとに作成された研修計画に基づく研修の実施
・利用者に関する情報又はサービス提供に当たっての留意事項の伝達等を目的とした会議の定期的な開催
・利用者情報の文書等による伝達、訪問介護員等からの報告　・健康診断等の定期的な実施　・緊急時等における対応方法の明示
○人材要件
・訪問介護員等の総数のうち、勤続年数７年以上の者の占める割合が30％以上であること。
（※）加算（Ｖ）は、加算（Ⅲ）（重度者対応要件による加算）との併算定が可能であるが、加算(Ⅰ)、(Ⅱ)、(Ⅳ)（人材要件が含まれる加算）との併算定は不可。

35

（出典）厚生労働省「令和３年度介護報酬改定の主な事項について」

③ 5つの論点

2021年度介護報酬改定では、次の５つに沿って見直しが行われました。

(1) 感染症や災害への対応力強化
(2) 地域包括ケアシステムの推進
(3) 自立支援・重度化防止の推進
(4) 介護人材の確保・介護現場の革新
(5) 制度の安定性・持続可能性の確保

　(1)と(5)では、感染症対策、業務継続計画（BCP）策定、高齢者虐待対策の３つが全サービスに義務化（３年間の経過措置あり）されました。さらに、(4)ではハラスメント対策も義務となりました。また、(3)でLIFEデータベースが多くのサービスに関連付けられたことも印象的でした。詳細は第２節で解説しますので、そちらをご確認ください。

　押さえておいていただきたいのは、BCPもLIFEも、その取組み次第で事業者間格差が大きく拡大すると考えられるということです。今後、LIFEやBCPへのアドバイスやコンサルティングができることが会計事務所の大きな付加価値につながる可能性が大きいのではないでしょうか。そのため、ここでは２つの概要をまず紹介します。

(1) 業務継続計画（BCP）の作成の義務化

　BCPとは、中小企業庁が主導で進めている事業継続計画のことです。地震や台風などの自然災害によって電力・ガス・水道・インターネット等のインフラ環境や施設設備が損傷しても、事業を継続できるように対策をまとめた計画書やマニュアルを言います。

　厚生労働省では感染症BCPと自然災害BCPの２種類のひな形を示しており、施設・通所・訪問ごとに区分されています。地域特性や事業内容、利用者層、経営理念などが基本となって事業所ごとに作る必要があ

ります。

　自然災害直後や感染症の流行で、出勤できる職員数が通常の20〜30％程度に減少した場合、どのようなサービスや業務を優先して提供を始めるか。50％になったらどうするか。80％ならどの業務を行うか。有事の時に再開する優先業務を決めておきます。インフラ環境の破損などの要因によっても優先業務は異なるため、職員を交えて施設や事業所の問題点を洗い出し、改善点を検討した上で計画に落とし込みます。全社で策定に取り組んだ後は、年一回以上の見直しによる精度アップが求められます。

　介護事業のBCPは一般企業の策定プロセスとは異なり、感染症対策など一般企業にはない要素を多く盛り込む必要があるため、介護保険制度や災害時の特例措置に関するある程度の知識が必要となります。

(2) LIFEデータベースによる科学的介護の推進

　2021年度介護報酬改定では、リハビリテーション・機能訓練、口腔ケア、栄養改善の自立支援に資する取組みがクローズアップされました。また、利用者に係るデータ（ADL、栄養、口腔・嚥下、認知症等）とフィードバックの活用によりPDCAサイクルの推進とケアの質の向上を図る取組みを推進することとなりました。

　この、利用者に係るデータの提出先がLIFE（Long-term care Information system For Evidence；LIFE（ライフ））です（**図表7-3**参照）。データ提出と活用が多くの加算の算定要件とされ、LIFEにデータを提供すると提供されるフィードバックデータを活用してケアプランやリハビリテーション計画などを見直し、ケアの質の向上に繋げるといったPDCAサイクルのプロセスを評価する加算となっています。

　LIFEデータベース関連の加算単位は決して高いものではなく、多くの場合、20単位／月から40単位／月程度です。事務負担や導入コストを考えると収支が合わないでしょう。しかし、フィードバックデータをPDCAのマネジメントサイクルの中で有効に活用することでケアの質が向上し、利用者満足が向上するのであれば、それは大きな差別化に繋

がります。

　国は、LIFEというエビデンスが確立することで介護サービスの評価の標準化が進むことを期待しており、軌道に乗ると利用者、家族も優良なサービスを提供する施設、事業所を選ぶことができるようになります。標準に届かないサービスを提供する施設、事業所は淘汰されていくでしょう。優良なサービスを提供する施設、事業所の利用者満足が向上することで職員のモチベーションも上がり、職員満足度が向上することで定着率がアップして人材募集も容易になります。

　なお、記録ソフトの導入には、その購入費用とともにタブレットの購入やWi-Fi環境の整備などの設備投資が嵩みますが、地域医療介護総合確保基金を活用したICTの導入支援制度を活用できますので、軽減できます。

▶図表7-3　LIFEとは

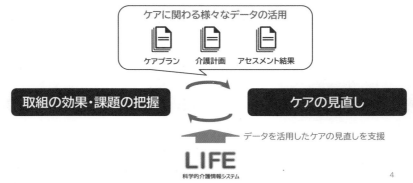

（出典）厚生労働省「科学的介護情報システム（LIFE）第1回説明会」資料

▶図表7-4　LIFEの導入目的

LIFEをどのように活用すればよいのか？

- ケアの質を向上するためには、利用者の意向をふまえ設定した目標や過ごし方の希望に対して、計画、実行、評価、改善を繰り返す、「PDCAサイクル」を実践することが重要です。
- このPDCAサイクルを実践する中で、利用者の状態などを評価・記録し、この情報をLIFEへ提出することで、LIFEから提出したデータに基づいたフィードバックが提供されます。
- ケアプランや介護計画などとあわせて、提供されたフィードバックをひとつの材料として、行った取り組みを振り返り、ケアの見直しを行うことで、よりよいサービスの提供へとつなげていきます。

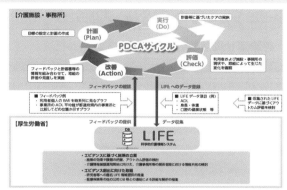

（出典）厚生労働省「科学的介護情報システム（LIFE）第1回説明会」資料

第2節 論点ごとに見る見直しの詳細

 感染症や災害への対応力強化

▶図表7-5　感染症や災害への対応力強化

1．感染症や災害への対応力強化
■感染症や災害が発生した場合であっても、利用者に必要なサービスが安定的・継続的に提供される体制を構築
（1）日頃からの備えと業務継続に向けた取組の推進
○感染症対策の強化 　介護サービス事業者に、**感染症の発生及びまん延等に関する取組の徹底を求める**観点から、以下の取組を義務づける。 　・　**施設系サービス**について、現行の委員会の開催、指針の整備、研修の実施に加え、**訓練（シミュレーション）の実施** 　・　**その他のサービス**について、委員会の開催、指針の整備、研修の実施、訓練（シミュレーション）の実施等 　　　　　　　　　　　　　　　　　　　　　　　　　　　　　　　　　　　　　　　（※3年の経過措置期間を設ける） ○業務継続に向けた取組の強化 　**感染症や災害が発生した場合であっても、必要な介護サービスが継続的に提供できる体制を構築**する観点から、全ての介護サービス事業者を対象に、業務継続に向けた計画等の策定、研修の実施、訓練（シミュレーション）の実施等を義務づける。 　　　　　　　　　　　　　　　　　　　　　　　　　　　　　　　　　　　　　　　（※3年の経過措置期間を設ける） ○災害への地域と連携した対応の強化 　災害への対応においては、地域との連携が不可欠であることを踏まえ、非常災害対策（計画策定、関係機関との連携体制の確保、避難等訓練の実施等）が求められる介護サービス事業者（通所系、短期入所系、特定、施設系）を対象に、小多機等の例を参考に、**訓練の実施に当たって、地域住民の参加が得られるよう連携**に努めなければならないこととする。 ○通所介護等の事業所規模別の報酬等に関する対応 　**通所介護**の報酬について、感染症や災害の影響により利用者数が減少した場合に、**状況に即した安定的なサービス提供を可能とする**観点から、足下の利用者数に応じて柔軟に事業所規模別の各区分の報酬単価による算定を可能とするとともに、臨時的な利用者数の減少に対応するための評価を設定する。

（出典）厚生労働省「令和3年度介護報酬改定の主な事項について」

(1) 感染症対策の強化

　介護サービス事業者に、感染症の発生およびまん延等に関する取組みの徹底を求める観点から、施設系サービスについて、現行の委員会の開催、指針の整備、研修の実施等に加えて、訓練（シミュレーション）の実施が義務づけられ、その他のサービスについても、委員会の開催、指針の整備、研修の実施、訓練（シミュレーション）の実施が義務化されました（3年の経過措置期間あり）。

(2) 業務継続に向けた取組みの強化

感染症や災害が発生した場合も必要な介護サービスが継続的に提供できる体制を構築する観点から、すべての介護サービス事業者を対象に業務継続に向けた取組みの強化が義務化されました。業務継続に向けた計画等の策定（BCP）、研修の実施、訓練（シミュレーション）の実施等です（3年の経過措置期間あり）。

(3) 災害への地域と連携した対応の強化

災害対応において地域との連携が不可欠であることを踏まえて、非常災害対策（計画策定、関係機関との連携体制の確保、避難等訓練の実施等）が求められる介護サービス事業者（通所系、短期入所系、特定施設入居者介護、施設系）を対象に、訓練の実施にあたって、地域住民の参加が得られるよう連携に努めなければならないこととする規定が追加されました。

(4) 通所介護等の事業所規模別の報酬等に関する対応

通所介護等の報酬では、感染症や災害の影響により利用者数が減少した場合に状況に即した安定的なサービス提供を可能とするために、現下の利用者数に応じて柔軟に事業所規模別の各区分の報酬単価による算定を可能とするとともに、臨時的な利用者数の減少に対応するための加算が設定されました。

地域包括ケアシステムの推進

▶図表７－６　地域包括ケアシステムの推進

2．地域包括ケアシステムの推進
■住み慣れた地域において、利用者の尊厳を保持しつつ、必要なサービスが切れ目なく提供されるよう取組を推進
（1）認知症への対応力向上に向けた取組の推進 ○ 介護サービスにおける認知症対応力を向上させていく観点から、**訪問系サービスについて、認知症専門ケア加算**を新たに創設する。 ○ 緊急時の宿泊ニーズに対応する観点から、**多機能系サービスについて、認知症行動・心理症状緊急対応加算**を新たに創設する。 ○ 介護に関わる全ての者の認知症対応力を向上させていくため、**介護に直接携わる職員が認知症介護基礎研修を受講するための措置を義務づける**。 （※3年の経過措置期間を設ける）
（2）看取りへの対応の充実 ○ 看取り期の本人・家族との十分な話し合いや関係者との連携を一層充実させる観点から、基本報酬や看取りに係る加算の算定要件において、「**人生の最終段階における医療・ケアの決定プロセスに関するガイドライン**」等の内容に沿った取組を行うことを求める。 ○ 特養、老健施設や介護付きホーム、認知症GHの**看取りに係る加算**について、現行の死亡日以前30日前からの算定に加えて、**それ以前の一定期間の対応**について、**新たに評価する**。介護付きホームについて、看取り期に夜勤又は宿直により看護職員を配置している場合に新たに評価する。 ○ 看取り期の利用者に訪問介護を提供する場合に、**訪問介護に係る2時間ルール**（2時間未満の間隔のサービス提供は所要時間を合算すること）を弾力化し、所要時間を合算せずにそれぞれの所定単位数の算定を可能とする。
（3）医療と介護の連携の推進 ○ 医師による居宅療養管理指導において、利用者の社会生活面の課題にも目を向け、地域社会における様々な支援へとつながるよう留意し、関連する情報をケアマネジャー等に提供するよう努めることとする。 ○ **短期入所療養介護**について、基本報酬の評価を見直すとともに、医療ニーズのある利用者の受入促進の観点から、**総合的な医学的管理を評価**する。 ○ **老健施設**において、適切な医療を提供する観点から、**所定疾患施設療養費**について、検査の実施の明確化や算定日数の延長、対象疾患の追加を行う。**かかりつけ医連携薬剤調整加算**について、かかりつけ医との連携を推進し、継続的な薬物治療を評価する観点から見直しを行う。 ○ **介護医療院**について、長期療養・生活施設の機能の充実の観点から、長期入院患者の受入・サービス提供を新たに評価する。 **介護療養型医療施設**について、**令和5年度末の廃止期限まで**の円滑な移行に向けて、一定期間ごとに移行の検討状況の報告を求める。
（4）在宅サービスの機能と連携の強化　　（5）介護保険施設や高齢者住まいにおける対応の強化 ○ **訪問介護の通院等乗降介助**について、利用者の負担軽減の観点から、居宅が始点又は終点となる場合の**目的地間の移送**についても算定可能とする。 ○ **訪問入浴介護**について、新規利用者への初回サービス提供前の利用の有無により評価する。清拭・部分浴を実施した場合の**減算幅を見直す**。 ○ **訪問看護**について、主治の医師が必要と認める場合に**退院・退所当日の算定を可能**とする。**看護体制強化加算**の要件や評価を見直す。 ○ **認知症GH、短期療養、多機能系サービス**において、緊急時の宿泊ニーズに対応する観点から、緊急時短期利用の受入日数や人数の要件を見直す。 ○ **個室ユニット型施設**の**1ユニットの定員**を、実態を勘案した職員配置に努めることを求め、「原則として概ね10人以下とし**15人を超えないもの**」とする。
（6）ケアマネジメントの質の向上と公正中立性の確保 ○ 特定事業所加算において、事業所間連携により体制確保や対応等を行う事業所を新たに評価する。 ○ 適切なケアマネジメントの実施を確保しつつ、経営の安定化を図る観点から、**逓減制**において、**ICT活用又は事務職員の配置を行っている場合の適用件数を見直す**（逓減制の適用を40件以上から45件以上とする）。 ○ 利用者が医療機関で診察を受ける際に同席し、医師等と情報連携を行い、当該情報を踏まえてケアマネジメントを行うことを新たに評価する。 ○ 介護予防支援について、地域包括支援センターが委託する個々のケアプランについて、居宅介護支援事業者との情報連携等を新たに評価する。
（7）地域特性に応じたサービスの確保 ○ 夜間デイ、多機能系デイについて、中山間地域等に係る加算の対象とする。認知症GHについて、ユニット数を弾力化、サテライト型事業所を創設する。 ○ 令和元年地方分権提案を踏まえ、**多機能系サービス**について、市町村が認めた場合に過疎地域等において登録定員を超過した場合の報酬減算を一定の期間行わないことを可能とする。令和2年提案を踏まえ、**小多機**の登録定員等の基準を「従うべき基準」から「**標準基準**」に見直す。

（出典）厚生労働省「令和３年度介護報酬改定の主な事項について」

（1）認知症対応力向上に向けた取組みの推進

　介護サービスにおける認知症対応力を向上させていく観点から、訪問系サービスについて、認知症専門ケア加算が新たに創設されました。

　また、緊急時の宿泊ニーズに対応する観点から、多機能系サービスについて、認知症行動・心理症状緊急対応加算が新たに創設されました。介護に関わるすべての職員の認知症対応力を向上させていくため、認知症介護基礎研修の受講に必要な措置を講じることが義務付けられました（2021年３月末時点で配置された職員は３年の経過措置期間あり。2021年４月以降の配置職員の経過措置期間は１年以内）。

150　第７章　2021年度介護報酬改定〜事業者間の収入格差の二極化が拡大

(2) 看取りへの対応の充実

　基本報酬や看取りに係る加算の算定要件において、「人生の最終段階における医療・ケアの決定プロセスに関するガイドライン」等の内容に沿った取組みを行うことが算定要件に加わりました。

　また、特別養護老人ホーム、介護老人保健施設や介護付きホーム、認知症グループホーム（ＧＨ）の看取りに係る加算について、新たに死亡日以前31日から45日までの対応が評価されることとなりました。介護付きホームについては、看取り期に夜勤または宿直により看護職員を配置している場合に500単位を上乗せする新たな区分が新設されました。

　さらに、看取り期の利用者に訪問介護を提供する場合、医師が回復の見込みがないと診断した場合には２時間未満のサービス提供の所要時間を合算せずにそれぞれの所定単位数を算定できることとされました。

▶図表７－７　看取りへの対応の充実

（出典）厚生労働省「令和３年度介護報酬改定の主な事項について」

(3) 医療と介護の連携の推進

　医師・歯科医師が居宅療養管理指導を行う際、関連する情報をケアマネージャー等に提供するよう努めることとされました。

　また、短期療養について基本報酬の評価を見直すとともに、医療ニーズのある利用者の受入れを促進する観点から、総合医学管理加算が新設されました。

老人保健施設では、所定疾患施設療養費について検査実施の明確化や算定日数の延長（連続する7日→10日）、対象疾患の追加（蜂窩織炎）が行われました。かかりつけ医連携薬剤調整加算では、かかりつけ医との連携を推進して継続的な薬物治療を提供するための見直しが行われました。

　介護医療院は、長期療養・生活施設の機能の充実の観点から、長期入院患者の受入れ・サービス提供を新たに評価する長期療養生活移行加算が新設されました。

　介護療養型医療施設は、2023年度末の廃止期限までの円滑な移行に向けて、半年ごとに移行計画の提出が義務化され、期日までに移行計画の提出がない場合は6カ月間の基本報酬が10％減算されます。

(4) 在宅サービスの機能と連携の強化

　訪問介護の通院等乗降介助は、居宅が始点または終点となる場合の目的地間の移送についても算定可能とされました。

　訪問入浴介護は、新規利用者への初回加算が新設されました。清拭・部分浴を実施した場合の減算幅は30％から10％に軽減されました。

　訪問看護では、主治の医師が必要と認める場合に従来は報酬を算定できなかった退院・退所当日の算定が可能となりました。

　看護体制強化加算では算定要件が緩和（特別管理加算の算定割合30％→20％）されるとともに、看護職員を職員全体の6割以上配置していることが算定要件に加えられました（2年の経過措置期間あり）。

　理学療法士などの訪問看護サービスについては、報酬の引上げと1日3回以上の提供で報酬が減算されます。

　認知症グループホーム（GH）、短期療養、多機能系サービスでは、利用者の状況や家族等の事情により介護支援専門員が緊急に利用が必要と認めた場合等を要件とする定員を超えての短期利用の受入れ（緊急時短期利用）について、受入れ日数（家族の疾病などの理由で7日→14日）や人数の要件（1事業所1名→1ユニット1名）等が見直されています。

(5) 介護保険施設や高齢者住まいにおける対応の強化

　個室ユニット型施設の1ユニットの定員について、実態を勘案した職員配置に努めることを求めつつ、「原則として概ね10人以下とし15人を超えないもの」とされました。

▶図表7-8　ユニット型施設のイメージ

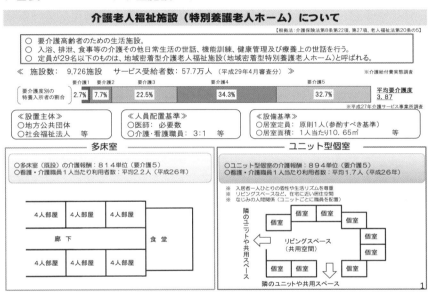

（出典）第143回社会保障審議会介護給付費分科会参考資料2

(6) ケアマネジメントの質の向上と公正中立性の確保

　特定事業所加算では、事業所間連携により体制確保や対応等を行う事業所を新たに評価する報酬区分「特定事業所加算（A）」が新設されました。この区分（A）では、従来の区分（Ⅲ）の算定要件である常勤ケアマネージャー2名体制のうち、1名を非常勤の常勤換算で1以上の配置を可能とする算定要件となっています。

また、すべての区分（Ⅰ・Ⅱ・Ⅲ・A）において、必要に応じてケアプランにインフォーマルサービス（保険外サービス）などが包括的に提供されるような居宅サービス計画を作成していることが新たに求められます。

　ケアプラン作成に係る居宅介護支援費の算定の逓減制の変更も要注意です。従来は、ケアプラン40件目から基本報酬は区分Ⅱとなり報酬単位が半減されましたが、このラインが45件に引き上げられました。ただし一律の引上げではなく、ICTの活用または事務員などを雇用していることが要件です。ICTの活用は、チャット機能を備えたアプリをスマートフォンに入れて情報共有していたり、タブレットを活用していたり、AIを活用してケアプランを作成していたりすることが要件となります。

　利用者が医療機関で診察を受ける際に同席して、医師等と情報連携を行い、その情報を踏まえてケアマネジメントを行うことを評価する通院時情報連携加算が新設されました。

　介護予防支援では、地域包括支援センターが居宅介護支援事業所に委託する個々のケアプラン作成について、居宅介護支援事業者との情報連携等を新たに評価する委託連携加算が新設されました。

(7)　**地域の特性に応じたサービスの確保**

　認知症グループホーム（GH）について、ユニット数が弾力化（3以下）され、サテライト型事業所が創設されました。

▶図表7‑9　サテライト型住居のイメージ

（参考資料5）一元化後のグループホームにおける介護サービスの提供形態

一元化後のグループホームは、介護を必要とする者としない者が混在して利用することとなり、また、介護を必要とする者の数も一定ではないことから、全ての介護サービスを当該事業所の従業者が提供するという方法は必ずしも効率的ではないと考えられる。一方、これまでのケアホームと同様に、馴染みの職員による介護付きの住まいを望む声もある。

グループホームで提供する支援を「基本サービス（日常生活の援助等）」と「利用者の個々のニーズに対応した介護サービス」の2階建て構造とし、介護サービスの提供については、①**グループホーム事業者が自ら行うか**（介護サービス包括型＝現行ケアホーム型）、②グループホーム事業者は**アレンジメント（手配）のみを行い、外部の居宅介護事業所に委託するか**（外部サービス利用型）のいずれかの形態を事業者が選択できる仕組みとする。

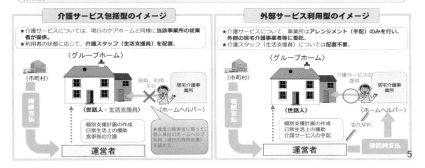

（参考資料7）サテライト型住居の概要

○ 地域生活への移行を目指している障害者や現にグループホームを利用している障害者の中には、共同住居よりも**単身での生活を望む人がいる**
○ 少人数の事業所が経営安定化の観点から、定員を増やそうとしても**近隣に入居人数など条件にあった物件がなく**、また、物件が見つかっても界壁の設置など**大規模改修が必要となるケースも少なくない**との声がある。

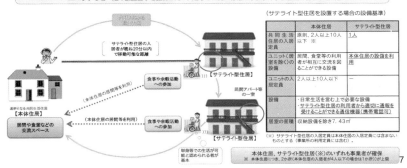

（出典）厚生労働省「障害者の地域生活の推進に関する議論の整理 参考資料」

自立支援・重度化防止の推進

▶図表7-10　自立支援・重度化防止の推進

（出典）厚生労働省「令和3年度介護報酬改定の主な事項について」

(1) リハビリテーション・機能訓練、口腔、栄養の取組みの連携・強化

① リハビリテーション・機能訓練

　加算等の算定要件とされている計画作成や会議について、リハ専門職、管理栄養士、歯科衛生士が必要に応じて参加することが明確化されました。

　訪問リハビリテーション・通所リハビリテーションのリハビリテーションマネジメント加算（Ⅰ）が廃止され、基本報酬の算定要件となりました。LIFEへデータを提出しフィードバックを受けPDCAサイクルを

推進することを評価する取組みが、介護老人保健施設等に拡充されました。

　週6回（2時間）を限度とする訪問リハビリテーションでは、退院・退所直後のリハの充実を図る観点から、退院・退所日から3月以内は週12回（4時間）まで算定可能とされました。

　通所介護や特別養護老人ホーム等における外部のリハビリテーション専門職等との連携による生活機能向上連携加算では、訪問介護等と同様、ICTの活用等により外部のリハ専門職等が事業所を訪問せずに利用者の状態を把握・助言する場合の評価区分が新たに設けられました。

　通所介護の個別機能訓練加算は加算区分Ⅰが廃止され、Ⅱに統合するなどの見直しが行われました。

　通所介護、通所リハビリテーションの入浴介助加算では、利用者の自宅での入浴の自立を図るために個別の入浴計画に基づく入浴介助の区分が新たに新設されました。従来は、利用者に入浴してもらうことで算定でき、実施する職員には資格も経験も求められない実施加算でした。ケアプラン上の一般的な目標は「身体を清潔に保つ」であり、通所介護などでも、施設で入浴をすることで自宅での入浴が不要となることからセールスポイントとする通所サービスも多かった加算です。

　また、従来は算定できなかった部分浴も算定対象とされました。

　これは、自宅において自分で入浴を続けるためのリハビリテーションの一環として入浴介助を位置付けるという方向への見直しで、概念が180度変わりました。

　すなわち、利用者が自分でできることはすべて自分でやっていただき、介護職は見守り的援助を行います。個別入浴という考えに発展させて、作業療法士や介護福祉士が利用者の自宅を訪問し、利用者宅の入浴環境を確認して個別入浴計画を策定します。その計画に基づいて個別入浴によるリハビリテーションを実施します。

　利用者のニーズを把握して、2つの区分を使い分けることが重要となりました。

② 口腔、栄養

ア　施設系サービス

　口腔衛生管理体制加算が廃止され、基本サービスとして口腔衛生の管理体制を整備し、状態に応じた口腔衛生の管理を実施することが求められることとなりました（3年の経過措置期間あり）。

　栄養マネジメント加算が廃止され、現行の栄養士に加えて管理栄養士の配置が必要となるとともに、基本サービスとして状態に応じた栄養管理の計画的な実施が行われていない場合は基本報酬が減算されます（3年間の経過措置期間あり）。入所者全員への丁寧な栄養ケアの実施や体制強化等を評価する栄養マネジメント強化加算が新設され、低栄養リスク改善加算は廃止されました。

　各サービスにおいて管理栄養士が重要な位置付けとなり、栄養改善への意欲を感じることができます。

イ　通所系サービス等

　通所系サービス等について、栄養スクリーニング加算が見直され、介護職員等による口腔スクリーニングの実施を新たに評価する口腔・栄養スクリーニング加算とされました。また栄養改善加算が見直され、管理栄養士が必要に応じて利用者の居宅を訪問する取組みを求める要件が追加されました。さらに、管理栄養士と介護職員等の連携による栄養アセスメントの取組みを新たに評価する栄養アセスメント加算が新設されました。

　認知症グループホーム（GH）では、管理栄養士が介護職員等へ助言・指導を行い栄養改善のための体制づくりを進める栄養管理体制加算が新設されました。

(2)　介護サービスの質の評価と科学的介護の取組みの推進

　LIFEへのデータ提出とフィードバックの活用によりPDCAサイクルの推進とケアの質の向上を図る取組みを推進します。

施設系（介護療養型医療施設を除く）・通所系・居住系・多機能系サービスについて、事業所のすべての利用者に係るデータ（ADL（日常生活動作）、栄養、口腔・嚥下、認知症等）をLIFEに提出してフィードバックを受け、事業所単位でのPDCAサイクル・ケアの質の向上の取組みを推進することを新たに評価する科学的介護推進体制加算が創設されました。既存の加算等においても、利用者ごとの計画に基づくケアのPDCAサイクルの取組みに加えて、LIFEを活用したさらなる取組みを新たに評価する区分が新設されています。

　ADL維持等加算は、その算定要件が大幅に見直され、通所介護に加えて、認知症対応型通所介護、特定施設入居者生活介護、特別養護老人施設も対象となりました。クリームスキミング（要介護度の改善が見込まれる軽度者のみを選別すること）を防止する観点や加算の取得状況等を踏まえて算定要件の見直しが行われ、ADLを良好に維持・改善する事業者を高く評価する区分が新たに設けられました。

　介護老人保健施設の在宅復帰・在宅療養支援等評価指標については、在宅復帰等をさらに推進する観点から、訪問リハビリテーションの併設とOT（Occupational Therapist：作業療法士）、PT（Physical Therapist：理学療法士）、ST（Speech-Language-Hearing Therapist：言語聴覚士）の３職種の配置に重点が置かれました（６カ月の経過措置期間あり）。

(3) 寝たきり防止等、重度化防止の取組みの推進

　すべての利用者への医学的評価に基づく日々の過ごし方等へのアセスメントの実施、日々の生活全般における計画に基づくケアの実施を新たに評価する自立支援促進加算が新設されました。

　施設系サービスでは、2018年度介護報酬改定で創設された褥瘡マネジメント加算、排せつ支援加算について状態改善等（アウトカム）を新たに評価する区分が新設されました。

4. 介護人材の確保・介護現場の革新

▶図表7-11　介護人材の確保・介護現場の革新

```
4．介護人材の確保・介護現場の革新

■喫緊・重要な課題として、介護人材の確保・介護現場の革新に対応

（1）介護職員の処遇改善や職場環境の改善に向けた取組の推進
○ 処遇改善加算や特定処遇改善加算の職場環境等要件について、職場環境改善の取組をより実効性が高いものとする観点からの見直しを行う。
○ 特定処遇改善加算について、制度の趣旨を維持しつつより活用しやすい仕組みとする観点から、平均の賃金改善額の配分ルールにおける
　「経験・技能のある介護職員」は「その他の介護職員」の「2倍以上とすること」について、「より高くすること」と見直す。
○ サービス提供体制強化加算において、サービスの質の向上や職員のキャリアアップを推進する観点から、より介護福祉士割合や勤続年数の長い
　介護福祉士の割合が高い事業者を評価する新たな区分を設ける。訪問介護、訪問入浴介護、夜間対応型訪問介護の特定事業所加算、サービス提供
　体制強化加算において、勤続年数が一定以上の職員の割合を要件とする新たな区分を設ける。
○ 仕事と育児や介護との両立が可能となる環境整備を進め、職員の離職防止・定着促進を図る観点から、各サービスの人員配置基準や報酬算定に
　おいて、育児・介護休業取得時の非常勤職員の確保や代替職員の確保、短時間勤務等を行う場合にも「常勤」として取扱うことを可能とする。
○ ハラスメント対策を強化する観点から、全ての介護サービス事業者に、適切なハラスメント対策を求める。

（2）テクノロジーの活用や人員基準・運営基準の緩和を通じた業務効率化・業務負担軽減の推進
○ テクノロジーの活用により介護サービスの質の向上及び業務効率化を推進していく観点から、実証研究の結果等も踏まえ、以下の見直しを行う。
　・特養等における見守り機器を導入した場合の夜勤職員配置加算について、見守り機器の導入割合の緩和（15％→10％）を行う。見守り機器
　　100％の導入やインカム等のICTの使用、安全体制の確保や職員の負担軽減等を要件に、基準を緩和（0.9人→0.6人）した新たな区分を設ける。
　・見守り機器100％の導入やインカム等のICTの使用、安全体制の確保や職員の負担軽減等を要件に、特養（従来型）の夜間の人員配置基準を緩和する。
　・職員体制等を要件とする加算（日常生活継続支援加算やサービス提供体制強化加算等）において、テクノロジー活用を考慮した要件を導入する。
○ 運営基準や加算の要件等における各種会議等の実施について、感染防止や多職種連携促進の観点から、テレビ電話等を活用しての実施を認める。
○ 薬剤師による居宅療養管理指導について、診療報酬の例も踏まえて、情報通信機器を用いた服薬指導を新たに評価する。
○ 夜間対応型訪問介護について、定期巡回と同様に、オペレーターの併設施設等の職員や随時訪問の訪問介護員等との兼務、複数の事業所間での
　通報の受付の集約化、他の訪問介護事業所への事業の一部委託を可能とする。
○ 認知症GHの夜勤職員体制（現行1ユニット1人以上）について、利用者の安全確保や職員の負担にも留意しつつ、人材の有効活用を図る観点から、
　3ユニットの場合に一定の要件の下、例外的に夜勤2人以上の配置を選択することを可能とする。
○ 特養等の人員配置基準について、人材確保や職員定着の観点から、入所者の負担に配慮しつつ、従来型とユニット型併設の場合の
　介護・看護職員の兼務、小多機と併設する場合の管理者・介護職員の兼務等の見直しを行う。
○ 認知症GHの「第三者による外部評価」について、自己評価を運営推進会議に報告し、評価を受けた上で公表する仕組みを制度的に位置付け、
　当該仕組みと既存の外部評価によるいずれかの評価を受けることとする。

（3）文書負担軽減や手続きの効率化による介護現場の業務負担軽減の推進
○ 利用者等への説明・同意について、電磁的な対応を原則認める。署名・押印を求めないことが可能であることや代替手段を明示する。
○ 諸記録の保存・交付等について、電磁的な対応を原則認める。
○ 運営規程等の重要事項の掲示について、事業所の掲示だけでなく、閲覧可能な形でファイル等で備え置くこと等を可能とする。
```

（出典）厚生労働省「令和3年度介護報酬改定の主な事項について」

（1）　介護職員の処遇改善や職場環境の改善に向けた取組みの推進

　処遇改善加算や特定処遇改善加算の職場環境等要件について、改善項目と実施要件の見直しが行われました。

　特定処遇改善加算では、平均の賃金改善額の配分ルールにおける「経験・技能のある介護職員」は「その他の介護職員」の「2倍以上とすること」について、「より高くすること」と見直されました。

▶図表7-12 特定処遇改善加算の配分ルールの見直し

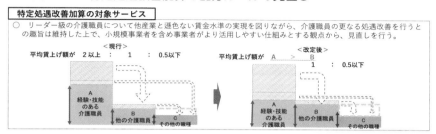

（出典）厚生労働省「令和3年度介護報酬改定の主な事項について」

　サービス提供体制強化加算では、より介護福祉士割合や勤続年数10年以上の介護福祉士の割合が高い事業者を評価する新たな最上位区分が設けられました。

　訪問介護、訪問入浴介護、夜間対応型訪問介護の特定事業所加算、サービス提供体制強化加算において、勤続年数が7年以上の職員の割合を要件とする新たな区分が設けられました。

　全サービスの人員配置基準や報酬の算定において、仕事と育児や介護との両立が可能となる環境整備を進め、職員の離職防止・定着促進を図るために、育児・介護休業取得の際の非常勤職員による代替職員の確保や短時間勤務等を行う場合にも、週30時間以上の勤務で「常勤」として取り扱うことが可能とされました。また、すべての介護サービス事業者に対し、適切なハラスメント対策に必要な措置を講じなければならないことが運営基準（省令）において規定されました。

(2) テクノロジーの活用や人員・運営基準の緩和を通じた業務効率化・業務負担軽減の推進

① 見守り機器を導入した場合の夜間における人員配置の緩和

　実証研究の結果等も踏まえて、特養等における見守り機器を導入した場合の夜勤職員配置加算で、見守り機器の導入割合が緩和（15%→10%）されました。また、すべての入所者への見守り機器導入やすべ

ての夜勤職員のインカム使用等のICTの使用、安全体制の確保や職員の負担軽減等を要件に、基準を緩和（0.9人→0.6人）した新たな区分が設けられました。特養（従来型）の夜間の人員配置基準においても、見守り機器の100％導入やインカム等のICTの使用、安全体制の確保や職員の負担軽減等を要件として、緩和されています。

▶図表7-13　人員配置基準の緩和

介護老人福祉施設、地域密着型介護老人福祉施設入所者生活介護、短期入所者生活介護

【見守り機器等を導入した場合の夜勤職員配置加算の見直し】【告示改正】

○ 介護老人福祉施設及び短期入所生活介護における夜勤職員配置加算の人員配置要件について、以下のとおり見直しを行う。
　① 現行の0.9人配置要件の見守り機器の導入割合の要件を緩和する。（現行15％を10％とする。）
　② 新たに0.6人配置要件を新設する。

	①現行要件の緩和（0.9人配置要件）	②新設要件（0.6人配置要件）
最低基準に加えて配置する人員	0.9人（現行維持）	（ユニット型の場合）0.6人（新規） （従来型の場合）※人員基準緩和を適用する場合は併給調整 ① 人員基準緩和を適用する場合 0.8人（新規） ② ①を適用しない場合（利用者数25名以下の場合等） 0.6人（新規）
見守り機器の入所者に占める導入割合	10％（緩和：見直し前15％→見直し後10％）	100％
その他の要件	安全かつ有効活用するための委員会の設置	・夜勤職員全員がインカム等のICTを使用していること ・安全体制を確保していること（※）

○ ②の0.6人配置要件については、見守り機器やICT導入後、右記の要件を少なくとも3か月以上試行し、現場職員の意見が適切に反映できるよう、夜勤職員をはじめ実際にケア等を行う多職種の職員が参画する委員会（具体的要件①）において、安全体制やケアの質の確保、職員の負担軽減が図られていることを確認した上で届け出るものとする。

※安全体制の確保の具体的な要件
①利用者の安全やケアの質の確保、職員の負担を軽減するための委員会を設置
②職員に対する十分な休憩時間の確保等の勤務・雇用条件への配慮
③機器の不具合の定期チェックの実施（メーカーとの連携を含む）
④職員に対するテクノロジー活用に関する教育の実施
⑤夜間の訪室が必要な利用者に対する訪室の個別実施

介護老人福祉施設、地域密着型介護老人福祉施設入所者生活介護、短期入所者生活介護

【見守り機器等を導入した場合の夜間における人員配置基準の緩和】【告示改正】※併設型短期入所生活介護（従来型）も同様の改定

○ **介護老人福祉施設（従来型）**について、見守り機器やインカム等のICTを導入する場合における夜間の人員配置基準を緩和する。

緩和にあたっては、利用者数の狭間で急激に職員人員体制の変更が生じないよう配慮して、現行の配置人数が2人以上に限り、1日あたりの配置人数として、常勤換算方式による配置要件に変更する。ただし、配置人員数は常時1人以上（利用者数が61人以上の場合は常時2人以上）配置することとする。

【要件】
・施設内の全床に見守り機器を導入していること
・夜勤職員全員がインカム等のICTを使用していること
・安全体制を確保していること

現行

配置人員数	利用者数25以下	1人以上
	利用者数26～60	2人以上
	利用者数61～80	3人以上
	利用者数81～100	4人以上
	利用者数101以上	4に、利用者の数が100を超えて25又はその端数を増すごとに1を加えて得た数以上

→ 改定後

配置人員数	利用者数25以下	1人以上
	利用者数26～60	1.6人以上
	利用者数61～80	2.4人以上
	利用者数81～100	3.2人以上
	利用者数101以上	3.2に、利用者の数が100を超えて25又はその端数を増すごとに0.8を加えて得た数以上

○ 見守り機器やICT導入後、右記の要件を少なくとも3か月以上試行し、現場職員の意見が適切に反映できるよう、夜勤職員をはじめ実際にケア等を行う多職種の職員が参画する委員会（具体的要件①）において、安全体制やケアの質の確保、職員の負担軽減が図られていることを確認した上で届け出るものとする。

※安全体制の確保の具体的な要件
①利用者の安全やケアの質の確保、職員の負担を軽減するための委員会を設置
②職員に対する十分な休憩時間の確保等の勤務・雇用条件への配慮
③緊急時対応の体制整備（近隣在住職員を中心とした緊急参集要員の確保等）
④機器の不具合の定期チェックの実施（メーカーとの連携を含む）
⑤職員に対するテクノロジー活用に関する教育の実施
⑥夜間の訪室が必要な利用者に対する訪室の個別実施

（出典）厚生労働省「令和3年度介護報酬改定の主な事項について」

② 会議や多職種連携におけるICTの活用

　職員体制等を要件とする加算（日常生活継続支援加算やサービス提供体制強化加算等）においても、テクノロジー活用を考慮した要件が導入されました。運営基準や加算の要件等における各種会議等の実施について、テレビ電話等を活用しての実施を認めています。

③ 薬剤師による情報通信機器を用いた服薬指導の評価

　薬剤師による居宅療養管理指導についても、診療報酬の例も踏まえて、情報通信機器を用いた服薬指導を新たに評価する区分が新設されました。

④ 特別養護老人ホームの併設の場合の兼務等の緩和

　特別養護老人ホーム等の人員配置基準については、人材確保や職員定着の観点から入所者の処遇や職員の負担に配慮しつつ、従来型とユニット型併設の場合の介護・看護職員の兼務、小規模多機能型施設と併設する場合の管理者・介護職員の兼務等の見直しが行われました。

⑤ 3ユニットの認知症GHの夜勤職員体制の緩和

　認知症GHの夜勤職員体制（現行1ユニット1人以上）では、利用者の安全確保や職員の負担にも留意しつつ人材の有効活用を図る観点から、3ユニットの場合に一定の要件の下で例外的に夜勤2人以上の配置を選択することが可能とされました。ただし、この場合は基本報酬から50単位減額します。

制度の安定性・持続可能性の確保

▶図表7-14　制度の安定性・持続可能性の確保

5．制度の安定性・持続可能性の確保
■必要なサービスは確保しつつ、適正化・重点化を図る
（1）評価の適正化・重点化 ○ **通所系、多機能系サービス**について、利用者の公平性の観点から、同一建物減算適用時等の区分支給限度基準額の計算方法の見直しを行う。 ○ **夜間対応型訪問介護**について、月に一度も訪問サービスを受けていない利用者が存在するなどの実態を踏まえて、**定額オペレーションサービス**部分の評価の適正化を行う。 ○ **訪問看護及び介護予防訪問看護**について、機能強化を図る観点から、理学療法士・作業療法士・言語聴覚士によるサービス提供に係る評価や提供回数等の見直しを行う。 ○ 介護予防サービスにおける**リハビリテーション**について、長期利用の場合の評価の見直しを行う。 ○ **居宅療養管理指導**について、サービス提供の状況や移動・滞在時間等の効率性を勘案して、単一建物居住者の人数に応じた評価の見直しを行う。 ○ **介護療養型医療施設**について、令和5年度末の廃止期限までに介護医療院への移行等を進める観点から、**基本報酬の見直し**を行う。 ○ **介護職員処遇改善加算（Ⅳ）及び（Ⅴ）**について、上位区分の算定が進んでいることを踏まえ、**廃止**する。（※1年の経過措置期間を設ける） ○ **生活援助の訪問回数が多い利用者のケアプラン**について、事務負担にも配慮して、検証の仕方や届出頻度の見直しを行う。区分支給限度基準額の利用割合が高く訪問介護が大部分を占める等のケアプランを作成する居宅介護支援事業者を対象とした**点検・検証の仕組み**を導入する。 ○ **サービス付き高齢者向け住宅等**における適正なサービス提供を確保する観点から、事業所指定の際の条件付け（利用者の一定割合以上を併設集合住宅以外の利用者とする等）や**家賃・ケアプランの確認**などを通じて、自治体による更なる指導の徹底を図る。
（2）報酬体系の簡素化 ○ **療養通所介護**について、中重度の要介護者の状態にあわせた柔軟なサービス提供を図る観点から、日単位報酬体系から、**月単位包括報酬**とする。 ○ リハサービスのリハマネ加算（Ⅰ）、施設系サービスの口腔衛生管理体制加算、栄養マネジメント加算について廃止し、基本報酬で評価する。処遇改善加算（Ⅳ）（Ⅴ）、移行定着支援加算（介護医療院）を廃止する。個別機能訓練加算（通所介護）について基準体系の見直しを行う。（再掲）

（出典）厚生労働省「令和3年度介護報酬改定の主な事項について」

(1) 区分支給限度基準額の計算方法の一部見直し

通所系、多機能系サービスについて、同一建物減算適用時等の区分支給限度基準額の計算では、減算適用前の報酬単位で行うこととなりました。

また通所系では、大規模型報酬を算定する場合、区分支給限度基準額の計算では、通常規模の報酬に置き換えて計算することとなりました。

(2) 訪問看護のリハビリテーションの評価・提供回数等の見直し

訪問看護および介護予防訪問看護では、OT・PT・STによるサービス提供に係る報酬を4単位減額し、1日3回以上提供した場合に50％減額されることとなりました。

(3) 長期間利用の介護予防リハビリテーションの評価の見直し

また、介護予防サービス（予防訪問看護、予防訪問リハ、予防通所リハ）におけるリハビリテーションについて、1年を超える長期利用の場

合に減算が行われることとなりました。

(4) 居宅療養管理指導の居住場所に応じた評価の見直し

居宅療養管理指導について、サービス提供の状況や移動・滞在時間等の効率性を勘案して、単一建物居住者の人数に応じた評価の見直しが行われました。

(5) 介護療養型医療施設の基本報酬の見直し

介護療養型医療施設では、2023度末の廃止期限までに介護医療院への移行等を進める観点から基本報酬が減額されました。

(6) 介護職員処遇改善加算（Ⅳ）（Ⅴ）の廃止

介護職員処遇改善加算（Ⅳ）および（Ⅴ）は、上位区分の算定が進んでいることを踏まえて廃止されました（1年間の経過措置期間あり）。

(7) 生活援助の訪問回数が多い利用者等のケアプランの検証

生活援助の訪問回数が多い利用者のケアプランについて、事務負担にも配慮して、検証の仕方をサービス担当者会議等での対応を可能とする見直しや、届出頻度を検証したケアプランについては次回の届出は1年後とする見直しが行われました。

また、区分支給限度基準額の利用割合が高く訪問介護が大部分を占める等のケアプランを作成する居宅介護支援事業者を対象とした点検・検証の仕組みが、2021年10月から導入されることとなりました。

(8) サ高住等における適正なサービス提供の確保

サービス付き高齢者向け住宅（サ高住）等における適正なサービス提供を確保する観点から、事業所指定の際の条件付け（利用者の一定割合以上を併設集合住宅以外の利用者とする等）や、家賃・ケアプランの確認などを通じて、自治体によるさらなる指導の徹底を図ります。

その他の事項

▶図表7-15　その他の事項

6．その他の事項
○ 介護保険施設における事故発生の防止と発生時の適切な対応（**リスクマネジメント**）を推進する観点から、**事故報告様式を作成・周知**する。**施設系サービスにおいて、安全対策担当者を定めることを義務づける**（※）。事故発生の防止等のための措置が講じられていない場合に基本報酬を減算する（※）。**組織的な安全対策体制の整備を新たに評価**する。（※6月の経過措置期間を設ける） ○ 障害福祉サービスにおける対応も踏まえ、全ての介護サービス事業者を対象に、利用者の人権の擁護、虐待の防止等の観点から、虐待の発生・再発を防止するための委員会の開催、指針の整備、研修の実施、担当者を定めることを義務づける。（※3年の経過措置期間を設ける） ○ **介護保険施設における食費の基準費用額**について、令和2年度介護事業経営実態調査結果から算出した額との差の状況を踏まえ、利用者負担への影響も勘案しつつ、**必要な対応**を行う。

（出典）厚生労働省「令和3年度介護報酬改定の主な事項について」

(1) 介護保険施設におけるリスクマネジメントの強化

　施設系サービスは安全対策担当者を定めることが義務付けられ、事故防止措置が講じられていない場合は、基本報酬が減算されます（6月の経過措置期間あり）。あわせて、組織的な安全対策体制の整備を新たに評価する安全対策体制加算が新設されました。

(2) 高齢者虐待防止の推進

　すべての介護サービス事業者に、利用者の人権の擁護、虐待の防止等の観点から、虐待の発生・再発を防止するための委員会の開催、指針の整備、研修の実施、担当者を定めることが義務付けられました（3年の経過措置期間あり）。

(3) 基準費用額（食費）の見直し

　介護保険施設における食費の基準費用額について、2020年度介護事業経営実態調査結果から算出した額との差の状況を踏まえ、2021年8月より1,445円（＋53円）とされました。

第 8 章

激動の2024年度介護報酬改定
～メリハリの改定により同一サービス内の二極化が進む

第1節

2024年度介護報酬改定のポイント

1 「改定率1.59％」の実情

(1) 訪問介護では基本報酬が２％以上のマイナス

2024年１月22日、2024年度介護報酬が答申され、「1.59％の引上げ」などと報じられました。しかし、すべての介護サービスがプラス改定となった訳ではありません。

第１章でも触れましたが、訪問介護は、何と２％以上の基本報酬のマイナスでした。他のサービスと異なり、訪問介護事業所は介護職員だけで構成されるため、介護職員等処遇改善加算も全額が介護職員の賃上げにまわります。しかし介護職員がいない居宅介護支援事業所や訪問看護事業所には、処遇改善加算は存在しません。

そのため、基本報酬を引き上げて処遇改善に充てる、という考えが国から示されています。そのようなプラスムードの中で、居宅介護支援に同一建物減算が新設され、訪問介護では強化されました。

(2) 実質的なプラスは0.61％

2024年度介護報酬改定率は、実質的には0.61％のプラスに留まりました。この数字は2021年度改定の0.7％を下回り、近年の物価上昇を考えると、実質的にマイナス改定です。「改定率1.59％」とされた理由は、0.98％の処遇改善部分が含まれていたからで、２月から５月まで介護職員支援補助金として6,000円相当の処遇改善が実施されました。６月からは、2024年度の報酬アップ分として、新たに一本化された介護職員等処遇改善加算に組み込まれています。所謂、数字のマジックです。

また、「6,000円相当の処遇改善は２％程度の賃上げに相当」とされましたが、この数字も、厚生労働省の「令和６年賃金引上げ等の実態に関

▶ 図表8-1 同一建物減算

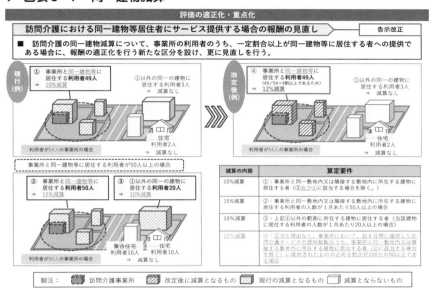

(出典)厚生労働省「令和6年度介護報酬改定の主な事項について」

する調査」結果(2024年10月28日公表)の4.1％に遠く及びません。加えて、事務方には6月からの介護職員等処遇改善加算の算定準備を含め、負担が同時期に集中しました。

　いずれにしても、介護事業の経営者は介護報酬に頼ることなく、自社努力による経営改善が強く求められる結果となったのです。

② 各種加算の上位区分新設によるメリハリの改定

　第2節で解説する定期巡回サービスにおける加算の上位区分新設では、既存の区分から減額した分を付け替えて新設した上位区分で報酬がプラスとなるように見直されています。

　この手法は、他の加算でも多く見受けられます（訪問看護の初回加算、特定施設の夜間看護体制加算、老健の初期加算やリハビリテーションマネジメント計画書情報加算、短期集中リハビリテーション実施加算、かかりつけ医連携薬剤調整加算、多機能型の認知症加算、通所リハのリハビリテーションマネジメント加算など）。

　今回の報酬改定の審議においては、「メリハリ」という言葉が何度も語られましたが、どこかを引き上げたらどこかを引き下げる、という手法で実施されたと言えます。

　ですから、今回の加算算定では、同じサービス内での二極化が拡大することとなりました。算定基準というハードルを越えられない場合には、事業収益が大きく減少します。明らかにレベルアップが求められています。

③ 生産性向上への取組みが必須

　また、生産性向上への取組みが広範囲に盛り込まれました。短期入所系、居住系、多機能系、施設系のサービスには、3年間の経過措置を設けた上で、生産性向上委員会の設置が義務化されました。同時に、ICT化に取り組み、その改善効果に関するデータを提出することを評価する生産性向上推進体制加算が創設されています。

　この加算はアウトカム（サービスによりもたらされた利用者の状態変化等（在宅復帰等））評価の加算で、1年程度は10単位の区分Ⅱを算定して、業務改善の結果が出ていると評価された場合には、区分Ⅰに移行することができます。区分Ⅱでは、入所者全員に見守りセンサーを導入

し、出勤して配置すべき介護職員全員分のインカムを配置し、介護記録シフトを導入していることが算定要件となっています。

介護職員等処遇改善加算と職場環境等要件の見直し

▶ 図表 8-2　介護職員の処遇改善

介護職員の処遇改善

介護職員の処遇改善（令和6年6月施行）　　　　　　　　　　　　　　　告示改正

■ 介護現場で働く方々にとって、令和6年度に2.5％、令和7年度に2.0％のベースアップへと確実につながるよう加算率の引上げを行う。
■ 介護人材の確保に向けて、介護職員の処遇改善のための措置ができるだけ多くの事業所に活用されるよう推進する観点から、介護職員処遇改善加算、介護職員等特定処遇改善加算、介護職員等ベースアップ等支援加算について、現行の各加算・各区分の要件及び加算率を組み合わせた4段階の「介護職員等処遇改善加算」に一本化を行う。
※　一本化後の加算については、事業所内での柔軟な職種間配分を認める。また、人材確保に向けてより効果的な要件とする等の観点から、月額賃金の改善に関する要件及び職場環境等要件を見直す。

【訪問介護、訪問入浴介護★、通所介護、地域密着型通所介護、療養通所介護、認知症対応型通所介護★、通所リハビリテーション★、短期入所生活介護★、短期入所療養介護、特定施設入居者生活介護★、地域密着型特定施設入居者生活介護、定期巡回・随時対応型訪問介護看護、夜間対応型訪問介護、小規模多機能型居宅介護★、認知症対応型共同生活介護★、看護小規模多機能型居宅介護、介護老人福祉施設、地域密着型介護老人福祉施設入所者生活介護、介護老人保健施設、介護医療院】

<現行>		<改定後>	
介護職員処遇改善加算（Ⅰ）	13.7％	介護職員等処遇改善加算（Ⅰ）	24.5％（新設）
介護職員処遇改善加算（Ⅱ）	10.0％	介護職員等処遇改善加算（Ⅱ）	22.4％（新設）
介護職員処遇改善加算（Ⅲ）	5.5％	介護職員等処遇改善加算（Ⅲ）	18.2％（新設）
介護職員等特定処遇改善加算（Ⅰ）	6.3％	介護職員等処遇改善加算（Ⅳ）	14.5％（新設）
介護職員等特定処遇改善加算（Ⅱ）	4.2％		
介護職員等ベースアップ等支援加算	2.4％		

※：加算率はサービス毎の介護職員の常勤換算職員数に基づき設定しており、上記は訪問介護の例。処遇改善加算を除く加減算後の総報酬単位数に上記の加算率を乗じる。
※：上記の訪問介護の場合、現行の3加算の取得状況に基づく加算率と比べて、改定後の加算率は2.1％ポイント引き上げられている。
※：なお、経過措置区分として、令和6年度末まで介護職員等処遇改善加算（Ⅴ）(1)〜(14)を設け、現行の3加算の取得状況に基づく加算率を維持した上で、今般の改定による加算率の引上げを受けることができるようにする。

（注）令和6年度末までの経過措置期間を設け、加算率（上記）並びに月額賃金改善に関する要件及び職場環境等要件に関する激変緩和措置を講じる。

（出典）厚生労働省「令和6年度介護報酬改定の主な事項について」

(1)　3つの加算を一本化

　2024年6月から、3つあった介護職員処遇改善加算制度（介護職員処遇改善加算、介護職員等特定処遇改善加算、介護職員等ベースアップ等支援加算）が廃止となり、「介護職員等処遇改善加算」（以下、「新加算」といいます）に一本化されました。ただし特例として、2024年度末（2025年3月）までは、新加算Ⅴ（1）〜（14）が設けられました。

第1節　2024年度介護報酬改定のポイント　171

これは、新加算（Ⅰ）〜（Ⅳ）では取得要件も見直されており、一本化前において処遇改善加算の区分（Ⅲ）のみ算定するなど加算率が低い加算しか算定していなかった事業所では、すぐに新加算の要件をクリアできない場合を想定した特例措置です。

　新加算のポイントは、2024年度に2.5％、2025年度に2.0％のベースアップとするための措置が含められていることです。6月からの新加算の算定率には、2年分の賃上げ分を含んでいます。そのため、6月に移行した段階で算定率は従来の3加算と2月からの支援補助金を合計した加算率より高い設定となりました。この増加分は、6月から前倒しで支給してもよいし、2024年度は職員には支給せずにプールしておいて、2025年度に繰り延べて支給してもよいとされています。

　しかし、繰延べの方法は2つの問題を抱えています。1つは、繰り延べて増額した部分の賃金相当分が2026年度以降の加算で補填されないことです。すなわち、2026年度以降の支給は自腹となります。2つ目は、繰り延べした部分の収益は2024年度の収入となって、法人税の課税対象となることです。厚生労働省は、この税金対策として賃上げ促進税制の活用を挙げていますが、一般的ではありません。それらを勘案すると、6月から前倒しでの支給がベストの選択と言えるのではないでしょうか。

▶ **図表8−3　新加算のポイント**

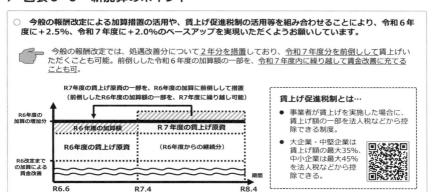

(出典) 厚生労働省「「処遇改善加算」の制度が一本化（介護職員等処遇改善加算）され、加算率が引き上がります」

(2) 新加算を算定するための要件

▶ **図表8−4　新加算を算定するための3要件**

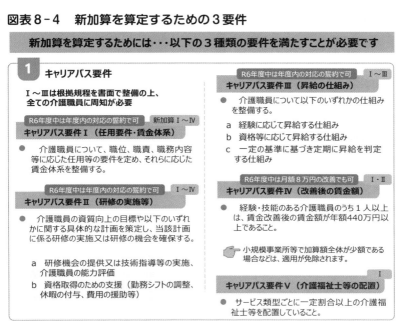

第1節　2024年度介護報酬改定のポイント　173

2 月額賃金改善要件

月額賃金改善要件Ⅰ 〔R7年度から適用〕 〔Ⅰ〜Ⅳ〕

- 新加算Ⅳ相当の加算額の2分の1以上を、月給（基本給又は決まって毎月支払われる手当）の改善に充てる。

  👉 現在、加算による賃金改善の多くを一時金で行っている場合は、一時金の一部を基本給・毎月の手当に付け替える対応が必要になる場合があります。（賃金総額は一定のままで可）

月額賃金改善要件Ⅱ 〔現行ベア加算未算定の場合のみ適用〕〔Ⅰ〜Ⅳ〕

- 前年度と比較して、現行のベースアップ等加算相当の加算額の3分の2以上の新たな基本給等の改善（月給の引上げ）を行う。

  👉 新加算Ⅰ〜Ⅳへの移行に伴い、現行ベア加算相当が新たに増える場合、新たに増えた加算額の3分の2以上、基本給・毎月の手当の新たな引上げを行う必要があります。

3 職場環境等要件

〔Ⅰ・Ⅱ〕 〔R6年度中は区分ごと1つ以上、取組の具体的な内容の公表は不要〕
- 6の区分ごとにそれぞれ2つ以上（生産性向上は3つ以上、うち一部は必須）取り組む。情報公表システム等で実施した取組の内容について具体的に公表する。

〔Ⅲ・Ⅳ〕 〔R6年度中は全体で1つ以上〕
- 6の区分ごとにそれぞれ1つ以上（生産性向上は2つ以上）取り組む。

※ 新加算（Ⅰ〜Ⅴ）では、加算による賃金改善の職種間配分ルールを統一します。介護職員への配分を基本とし、特に経験・技能のある職員に重点的に配分することとしますが、事業所内で柔軟な配分を認めます。

（出典）厚生労働省「「処遇改善加算」の制度が一本化（介護職員等処遇改善加算）され、加算率が引き上がります」

① 改善後の賃金額の水準に関するルールが緩和

　新加算の算定区分は、（Ⅰ）〜（Ⅳ）の4区分となっています。従来の3加算の算定要件がかなり簡素化され、算定における事務負担が軽減されています。特に、従来の介護職員等特定処遇改善加算の要件である、経験・技能のある介護職員について重点的に処遇改善を図るべく配分の上限と所得制限を設けていた2分の1要件が、廃止となりました。

　改善後の賃金額の水準に関する要件は、新加算のキャリアパス要件（Ⅳ）の、経験10年以上で介護福祉士を持つ介護職員から1名以上は年収440万円以上とする要件のみです。これも、既に配置されている場合はそれで問題はありません。しかし2025年度からは「月額8万円の改善でも可」との経過措置が終了します。

　そのため、2024年度に新加算の（Ⅰ）または（Ⅱ）を算定していた場合、2025年度以降、年収440万円以上の者を設定できない場合は、算定

区分が（Ⅲ）にダウンするので注意が必要です。

② 賃金改善方法は月額重視

また、月額賃金改善要件では、従来の介護職員等ベースアップ等支援加算とは要件が異なり、新加算の区分（Ⅳ）の算定率で計算した加算額の2分の1以上を月給（基本給または決まって毎月支払われる手当）の改善に充てる必要があります。この要件は2025年度から適用されるため、2024年度は従来の介護職員等ベースアップ等支援加算および支援補助金で設定した月給改善額を維持することになります。

2024年度介護報酬改定前において介護職員等ベースアップ等支援加算を算定していない場合は、算定した場合として計算した加算額の3分の2以上を月給改善額として設定することになります。

③ 職場環境等要件では生産性向上を重視

職場環境等要件は、生産性向上のための業務改善の取組みを重点的に実施すべきとする内容に改められています。具体的には、厚生労働省の「介護サービス事業における生産性向上に資するガイドライン」に示されている、業務改善委員会の設置、職場の課題分析、5S活動、業務マニュアルの作成、介護記録ソフト、見守りセンサーやインカムの導入、介護助手の活用などに取り組むことです。この要件は2025年度からの適用となり、2024年度は従来の職場環境等要件が適用されます。

しかし、小規模事業者にはハードルが高い要件であるため、特例措置として、業務改善やICT化に先進的な取組みを行う介護施設等を評価する生産性向上推進体制加算が創設されています。

2021年度介護報酬改定の経過措置終了による減算

2024年4月より、BCP策定と高齢者虐待防止措置の未実施事業所には減算が適用となっています（BCPは特例措置により基本的には2025

年4月から減算）。BCP策定の未実施による減算は、施設系は3％、その他のサービスは1％です。高齢者虐待防止措置の未実施による減算も、1％です。

　注意すべきは、減算とならなくてもBCP策定は2024年4月からは義務であることに変わりはないという点です。つまり、運営指導で運営基準違反として指導対象となります。また、BCP未策定減算の算定要件では、当該業務継続計画に伴い必要な措置を講ずること、とされています。BCP未策定だけではなく、研修、訓練、見直しの未実施も減算の対象となるということです。

　高齢者虐待防止措置の未実施による減算は、委員会の開催、指針の整備、研修の実施、専任の担当者の設置の4つを実施していない場合に、対象となります。

　これだけではありません。感染症対策として、感染症対策委員会の開催、指針の整備、研修と訓練が4月から義務化されます。また、医療福祉の資格を持たない介護職員を配置している場合は、2024年3月までに認知症基礎研修を受講することが義務化されています。4月以降に新たに介護職員として配置され、資格を持たない職員は、配置日から1年以内の受講が必要です。

　さらに介護施設は、栄養マネジメント加算と口腔衛生管理体制加算を基本報酬に包括していた経過措置が終了し、栄養マネジメント加算の要件を満たしていない場合は、14単位の減算となります。

6　多床室料の自己負担化が現実に

　介護老人保健施設と介護医療院における多床室料の自己負担化が、現実となりました。

　介護老人保健施設については、療養型とその他型が、介護医療院はⅡ型が対象です。入所者は、月額で8,000円程度の負担増となります。低所得者に配慮して、利用者負担第1～第3段階の者については、補足給付により利用者負担を増加させないとされましたが、確実に長期滞在型

の介護老人保健施設の経営を直撃することになります。多床室料が全額自己負担となった時点で、特別養護老人ホームとの月々の利用者負担額の差が大きくなります。介護老人保健施設の長期滞在者の一部は、割安感の増した特別養護老人ホームに移動するでしょう。

　介護老人保健施設の介護報酬単価を見ると明らかに特別養護老人ホームより高いにも関わらず、介護老人保健施設の長期滞在型が維持できる理由は何でしょうか。

　それは、介護老人保健施設では多床室に介護保険が適用されているために、特別養護老人ホームとの実質的な支払金額に格差がさほど生じていないからです。

　今、特別養護老人ホームでは待機者が大きく減少し、空床も生じている現状から、その受入れが可能です。今後、入所者の移動が起こることが想定されます。特養化した長期滞在型の介護老人保健施設の経営モデルが破綻する可能性が高まっています。

第2節 サービス類型ごとの改定のポイント

▶ 図表8-5　令和6年度介護報酬改定の概要

令和6年度介護報酬改定の概要

- 人口構造や社会経済状況の変化を踏まえ、「地域包括ケアシステムの深化・推進」「自立支援・重度化防止に向けた対応」「良質な介護サービスの効率的な提供に向けた働きやすい職場づくり」「制度の安定性・持続可能性の確保」を基本的な視点として、介護報酬改定を実施。

1．地域包括ケアシステムの深化・推進

- 認知症の方や単身高齢者、医療ニーズが高い中重度の高齢者を含め、質の高いケアマネジメントや必要なサービスが切れ目なく提供されるよう、地域の実情に応じた柔軟かつ効率的な取組を推進

- 質の高い公正中立なケアマネジメント
- 地域の実情に応じた柔軟かつ効率的な取組
- 医療と介護の連携の推進
  - 在宅における医療ニーズへの対応強化
  - 在宅における医療・介護の連携強化
  - 高齢者施設等における医療ニーズへの対応強化
  - 高齢者施設等と医療機関の連携強化
- 看取りへの対応強化
- 感染症や災害への対応力向上
- 高齢者虐待防止の推進
- 認知症の対応力向上
- 福祉用具貸与・特定福祉用具販売の見直し

2．自立支援・重度化防止に向けた対応

- 高齢者の自立支援・重度化防止という制度の趣旨に沿い、多職種連携やデータの活用等を推進

- リハビリテーション・機能訓練、口腔、栄養の一体的取組等
- 自立支援・重度化防止に係る取組の推進
- LIFEを活用した質の高い介護

3．良質な介護サービスの効率的な提供に向けた働きやすい職場づくり

- 介護人材不足の中で、更なる介護サービスの質の向上を図るため、処遇改善や生産性向上による職場環境の改善に向けた先進的な取組を推進

- 介護職員の処遇改善
- 生産性の向上等を通じた働きやすい職場環境づくり
- 効率的なサービス提供の推進

4．制度の安定性・持続可能性の確保

- 介護保険制度の安定性・持続可能性を高め、全ての世代にとって安心できる制度を構築

- 評価の適正化・重点化
- 報酬の整理・簡素化

5．その他

- 「書面掲示」規制の見直し
- 通所系サービスにおける送迎に係る取扱いの明確化
- 基準費用額（居住費）の見直し
- 地域区分

（出典）厚生労働省「令和6年度介護報酬改定の主な事項について」

　2024年度介護報酬改定では、前回改定からのレベルアップができなければ事業収益が大きく減少してしまう内容が多くあります。本章冒頭で述べたように、大幅に報酬が減額されたサービスもありました。ここでは、3つのサービス類型に分けて改定のポイントを見ていきます。

1 居宅系サービス

(1) 改定率

訪問介護は、30分以上1時間未満の身体介護で見た場合、基本報酬が2.3%のマイナス改定となっています。単位にして6単位のマイナスです。訪問看護も0.24%のプラスですが、単位としては、1単位の増加に過ぎません。

ホームヘルパー不足が表面化して経営的に厳しさを増している訪問介護で大きなマイナスとなったことは、介護業界を震撼させました。同一建物減算も強化され、新たに12%減算の区分が創設されました。これに該当する場合、さらに収入がマイナスとなります。

そのような中で最も算定すべき加算は、特定事業所加算です。加算率は請求金額の3%～20%の5区分です。もちろん算定要件のハードルは高く、容易に算定はできないのですが、報酬のマイナスをリカバリする手法として、優先すべき項目として検討すべきです。そして、新設された口腔連携強化加算（次ページ**図表8－7**参照）も算定すべきです。

▶ 図表8－6　特定事業所加算の見直し

地域の実情に応じた柔軟かつ効率的な取組、看取りへの対応強化

訪問介護における特定事業所加算の見直し　　告示改正

■ 訪問介護における特定事業所加算について、中山間地域等における継続的なサービス提供や看取り期の利用者など重度者へのサービス提供を行っている事業所を適切に評価する観点等から見直しを行う。

訪問介護

報酬区分 ▶ 現行の(Ⅳ)を廃止し、現行の(Ⅴ)を(Ⅳ)に、(Ⅴ)を新設 算定要件 ▼ 現行の(6)を(1)に統合、(6)、(7)、(8)、(14)を新設、現行の(12)を削除		(Ⅰ)	(Ⅱ)	(Ⅲ)	(Ⅳ)廃止	~~(Ⅴ)~~→(Ⅳ)	(Ⅴ)新設
		20%	10%	10%	5%	3%	3%
体制要件	(1) 訪問介護員等・サービス提供責任者ごとに作成された研修計画に基づく研修の実施 (2) 利用者に関する情報又はサービス提供に当たっての留意事項の伝達等を目的とした会議の定期的な開催 (3) 利用者情報の文書等による伝達、訪問介護員等からの報告 (4) 健康診断等の定期的な実施 (5) 緊急時等における対応方法の明示	○	○	○	○※(1)除く	○	○
体制要件	~~(6) サービス提供責任者ごとに作成された研修計画に基づく研修の実施~~ ⇒【(1)へ統合】				○		
体制要件	(6) 病院、診療所又は訪問看護ステーションの看護師との連携により、24時間連絡できる体制を確保しており、かつ、必要に応じて訪問介護を行うことができる体制の整備、看取り期における対応方針の策定、看取りに関する職員研修の実施等	○(※)		○(※)			
体制要件	(7) 通常の事業の実施地域内であって中山間地域等に居住する者に対して、継続的にサービスを提供していること						○
体制要件	(8) 利用者の心身の状況またはその家族等を取り巻く環境の変化に応じて、訪問介護事業所のサービス提供責任者等が起点となり、随時、介護支援専門員、医療関係職種等と共同し、訪問介護計画の見直しを行っていること						○
人材要件	(9) 訪問介護員等のうち介護福祉士の占める割合が100分の30以上、又は介護福祉士、実務者研修修了者、並びに介護職員基礎研修課程修了者及び1級課程修了者の占める割合が100分の50以上	○	○ 又は				
人材要件	(10) 全てのサービス提供責任者が3年以上の実務経験を有する介護福祉士、又は5年以上の実務経験を有する実務者研修修了者若しくは介護職員基礎研修課程修了者若しくは1級課程修了者	○	○				
人材要件	(11) サービス提供責任者を常勤により配置し、かつ、基準を上回る数の常勤のサービス提供責任者を1人以上配置していること ⇒【Ⅲ・Ⅳに追加】			○ 又は	○	○ 又は	
人材要件	(12) 訪問介護員等の総数のうち、勤続年数7年以上の者の占める割合が100分の30以上であること ⇒【Ⅲに追加】			○		○	
重度者等対応要件	(13) 利用者のうち、要介護4、5である者、日常生活自立度（Ⅲ、Ⅳ、M）である者、たんの吸引等を必要とする者の占める割合が100分の20以上	○ 又は		○ 又は			
重度者等対応要件	~~(12) 利用者のうち、要介護3～5である者、日常生活自立度（Ⅲ、Ⅳ、M）である者、たんの吸引等を必要とする者の占める割合が100分の60以上~~ ⇒【削除】				○		
重度者等対応要件	(14) 看取り期の利用者への対応実績が1人以上であること（併せて体制要件(6)の要件を満たすこと）	○(※)		○(※)			

（※）：加算（Ⅰ）・（Ⅲ）については、重度者等対応要件を選択式とし、(13)または(14)を満たす場合に算定できることとする。また、(14)を選択する場合には（6）を併せて満たす必要がある。

（出典）厚生労働省「令和6年度介護報酬改定の主な事項について」

▶ 図表8−7　口腔連携強化加算

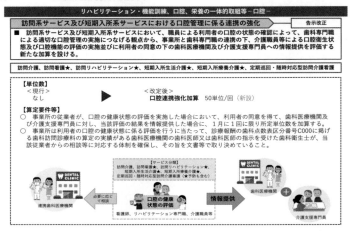

(出典) 厚生労働省「令和6年度介護報酬改定の主な事項について」

(2) 最大のマイナスとなった定期巡回サービス

　定期巡回サービスは、4.4％と最大規模のマイナスとなりました。基本報酬の月額単位としては700単位前後のマイナスです。これは、「令和5年度介護事業経営実態調査結果」(2023年11月10日公表) で訪問系のサービスが軒並み高い収支差率を示していたことが要因の一つです。全サービス平均が2.4％であったところ、定期巡回サービスは11％、訪問介護は7.8％と非常に高い数値でした。

　定期巡回サービスでは、総合マネジメント体制強化加算で新たに設けられた上位区分の算定が必須です。上位区分の算定要件を満たせば、月に1,200単位を算定できます。満たせない場合は、改定前の1,000単位より200単位減額されて800単位となります。

　結局、上位区分でプラスとなる200単位は既存の区分1,000単位を800単位に減額して付け替えたのです。この手法は、他の加算でも多く見受けられます。今回の報酬改定の審議においては、「メリハリ」という言葉が何度も語られました。

今回は、メリハリの改定です。どこかを引き上げたら、どこかを引き下げる。これがメリハリです。

(3) 居宅介護支援事業所は増収増益に

居宅介護支援の基本報酬は、0.9％弱のプラス改定となりました。さらに、特定事業所加算も一律14単位のアップです。前出の調査結果において、居宅介護支援も4.9％と決して低くはない収支差率を示していたことから、全体の改定率である0.61％を超えたことは評価できます。

基本報酬を引き上げて処遇改善に充てる方向でのプラスと言えます。さらには、逓減制が緩和されて担当件数が44件となったことも、収入の増加分をケアマネージャーの処遇改善の原資とする意図があることは間違いないでしょう。

もちろん、賃上げは義務ではありません。しかし、昨今のケアマネージャー不足を勘案すると、経営努力を含めた処遇改善は急務でありますし、大きな経営課題であることは疑いようがありません。

(4) ターミナルケアマネジメント加算等の見直し

ターミナルケアマネジメント加算は末期ガンのみが対象でしたが、算定要件の制限がなくなり、算定対象が大きく拡大しました。同時に、特定事業所医療連携加算の算定要件において、ターミナルケアマネジメント加算の算定回数が、これまでの5回以上から15回以上へとハードルが上がりました。いくら対象疾患が緩和されたとは言え、年間の算定回数15回は非常に厳しいと言えます。確実に小規模事業者は算定が困難となりました。

また、算定要件である死亡日の居宅訪問も、現実的には厳しい算定要件です。看取り期に入った利用者のケアプランの見直しは、ほとんど必要ありません。静かに旅立ちを見守るだけです。そのため、居宅訪問の理由がなく、死亡日に訪問する理由も示しにくいと言えます。そもそも、死亡日は家族も多忙で、ケアマネージャーの訪問は歓迎されないでしょう。よって、年に15回の加算算定はケアマネージャーの在籍人数が多い

大規模事業所でない限りは難しいと言えるのです。

　とは言え、ターミナルケアマネジメント加算は400単位、特定事業所医療連携加算は月125単位です。可能な限り、システム的に死亡日の訪問ができる体制を構築して算定を目指すべきです。

② 通所系サービス（通所介護・地域密着型通所介護・認知症対応型通所介護・通所リハビリテーション）

(1) 改定率

　通所介護（デイサービス）は、0.44％、地域密着型通所介護は、0.38％のプラスとなりました。

　通所リハビリテーション（デイケア）の基本報酬は、従来、通常規模型、大規模型（Ⅰ）、大規模型（Ⅱ）の３段階でしたが、大規模（Ⅰ）と（Ⅱ）が統合されて、大規模型となりました。通常型は0.7％ですが、従来の大規模（Ⅰ）は、統合の影響でマイナス2.8％となっています。大規模型であっても、リハビリテーションマネジメント加算を全体の80％以上算定して、利用者に対するリハビリテーション専門職の割合が10％以上となるよう配置した場合には、通常型の報酬を算定できます。

(2) 通所介護（デイサービス）

① 入浴介助加算

　入浴介助加算Ⅰの算定要件に、入浴介助技術の向上や利用者の居宅における自立した入浴の取組みを促進する観点から、入浴介助担当者への入浴技術研修の実施が義務化されました。研修自体は、厚生労働省がビデオ講座と解説書を提供しているので、それを活用すれば足ります。しかし、この要件はデイケアには設けられていません。

　また、入浴介助加算Ⅱについては、「医師等による、利用者宅浴室の環境評価・助言」が算定要件となっているところ、通所介護、通所リハビリテーションともに、介護職員が医師等に代わり居宅訪問をし、医師

等の指示の下、カメラマン的にICT機器を活用して状況把握を行い、医師等が評価・助言する場合も算定が可能となっています。ただし、あくまでも介護職員はビデオ通話やZoom中継のカメラマンであって、評価やアドバイスは医師等が行うことに注意すべきです。

▶ **図表8-8　入浴介助加算の見直し**

（出典）厚生労働省「令和6年度介護報酬改定の主な事項について」

② 個別機能訓練加算

　個別機能訓練加算Ⅰ（ロ）において、機能訓練を行う人材の有効活用を図る観点から、算定要件である機能訓練指導員の配置について、1名以上が常勤専従である旨の要件が廃止され、機能訓練の時間帯に配置する2名ともに非常勤での配置が可能となりました。

　しかし同時に、非常勤化で人件費が減少するとして、加算単位が減額されたのは痛手と言えます。

(3) 通所リハビリテーション（デイケア）

デイケアでは、入院中の利用者が退院後に速やかにサービスを利用開始できるようにするための措置が多く盛り込まれました。入院中に医療機関が作成したリハビリテーション実施計画書を入手することが義務化され、理学療法士等が、医療機関の退院前カンファレンスに参加して共同指導を行ったことを評価する、退院時共同指導加算が創設されました。

また、リハビリテーションマネジメント加算に、口腔アセスメントおよび栄養アセスメントとLIFE活用を行った場合の新区分（ハ）が創設されました。

▶ 図表8-9　リハビリテーションマネジメント加算の見直し

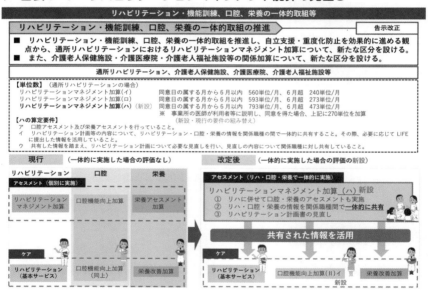

（出典）厚生労働省「令和6年度介護報酬改定の主な事項について」

(4) 通所サービスにおける送迎に係る取扱いの明確化

さらに、通所系サービスにおける送迎では、送迎先について利用者の居住実態のある場所を含めるとともに、他の介護事業所や障害福祉サービス事業所の利用者との共同送迎が認められています。

▶ 図表8-10　通所サービスにおける送迎に係る取扱いの明確化

```
通所系サービスにおける送迎に係る取扱いの明確化                                    Q&A発出
■ 通所系サービスにおける送迎について、利便性の向上や運転専任職の人材不足等に対応する観点から、送迎先に
  ついて利用者の居住実態のある場所を含めるとともに、他の介護事業所や障害福祉サービス事業所の利用者との同
  乗を可能とする。

         通所介護、地域密着型通所介護、認知症対応型通所介護★、通所リハビリテーション★、療養通所介護

○ 利用者の送迎について、利用者の居宅と事業所間の送迎を原則とするが、運営上支障が無く、利用者の居住実態
  （例えば、近隣の親戚の家）がある場所に限り、当該場所への送迎を可能とする。
○ 介護サービス事業所において、他事業所の従業員が自事業所と雇用契約を結び、自事業所の従業員として送迎を
  行う場合や、委託契約において送迎業務を委託している場合（共同での委託を含む）には、責任の所在等を明確に
  した上で、他事業所の利用者との同乗を可能とする。
○ 障害福祉サービス事業所が介護サービス事業所と雇用契約や委託契約（共同での委託を含む）を結んだ場合にお
  いても、責任の所在等を明確にした上で、障害福祉サービス事業所の利用者も同乗することを可能とする。
  ※なお、この場合の送迎範囲は、利用者の利便性を損うことのない範囲並びに各事業所の通常の事業実施地域範
    囲内とする。
```

(出典) 厚生労働省「令和6年度介護報酬改定の主な事項について」

施設系サービス

(1) 改定率

特別養護老人ホームは、2.8％のプラスとなりました。しかし、介護老人保健施設では、報酬区分によって明暗が大きく分かれています。「在宅強化型」が4.2％のプラスであるのに対して、「その他型」が0.86％、「基本型」が0.85％と大きく差が開いたのです。加算型も、基本型の報酬に加算を加えたものであるので同様の結果です。

「令和5年介護事業経営実態調査結果の概要」では、収支差率が特別養護老人ホームはマイナス1.0％、介護老人保健施設がマイナス1.1％であったことを考えると、1％に届かない改定率は非常に厳しいと言えます。特に、「その他型」は2025年8月から多床室料が自己負担となります。

利用者負担が月額で8,000円程度増額となることから、稼働率の低下が懸念されています。

　もともと、「その他型」と「基本型」は、長期滞在型の介護老人保健施設で病院と居宅の中間施設という役割を果たしていないという評価がありました。今回の結果を踏まえて、長期滞在型介護老人保健施設の経営モデルは破綻したと考えるべきでしょう。今後は、中長期ビジョンの中で、「強化型」、「超強化型」への転換を早急に検討すべきです。

　また、介護老人保健施設の基本報酬ランクを決める評価指標のハードルが上げられました。入所前後訪問指導割合、退所前後訪問指導割合の指標が引き上げられ、支援相談員に社会福祉士の配置がない場合は、点数が減額されます。これによって、さらに上位区分の基本報酬算定が難しくなりました。

　要は、介護老人保健施設は現状で満足せずに、さらにレベルアップを図ることが求められます。

(2)　新興感染症対策

　施設系には、特に新興感染症対策が多く盛り込まれました。新興感染症とは、新型コロナウイルスに続く新たなウイルスのことです。コロナ禍の教訓を踏まえて、次に襲来する未知のウイルスへの準備を進めます。

　問題は、連携する協力医療機関との契約です。新たな高齢者施設等感染対策向上加算（Ⅰ）は、第二種協定指定医療機関との連携が要件となります。該当する病院が全国的に限られていてかなりの狭き門ではありますが、該当する病院との連携は、2024年10月以降は算定要件では必須となっていますので、早期の準備が必要です。

(3)　医療と介護の連携の推進

　入所者の体調急変に備える緊急時対応の準備や、24時間体制で相談、診察、入院のできる医療機関との協力体制の義務化などが強化されました。

　特別養護老人ホームの配置医師緊急時対応加算では、夜間、深夜、早

朝に加えて、日中であっても、配置医師が通常の勤務時間外に駆けつけ対応を行った場合の区分が創設されています。

(4) 透析が必要な者に対する送迎の評価の創設

特別養護老人ホーム等では、社会問題化しつつある透析患者が施設に入所できない問題の解決策として、施設職員による透析患者の病院への送迎を評価する特別通院送迎加算が創設されました。

(5) 認知症短期集中リハビリテーション実施加算の見直し

介護老人保健施設の認知症短期集中リハビリテーション実施加算では、入所者の居宅を訪問し、生活環境を把握する区分が新たに設けられました。従来の要件に加え、入所時および月1回以上ADL等の評価を行うことなどを要件とする上位区分となっています。

また、ターミナルケア加算では、死亡日の前日および前々日ならびに死亡日を高く評価する変更が行われました。

要は、介護老人保健施設においても最後まで施設で看取り対応を求めるということです。

▶ **図表8-11　認知症短期集中リハビリテーション実施加算の見直し**

算定要件等
<認知症短期集中リハビリテーション実施加算（Ⅰ）>　〈新設〉 ○　次に掲げる基準に適合する介護老人保健施設において、1日につき所定単位数を加算する。 　（1）リハビリテーションを担当する理学療法士、作業療法士又は言語聴覚士が適切に配置されていること。 　（2）リハビリテーションを行うに当たり、入所者数が、理学療法士、作業療法士又は言語聴覚士の数に対して適切なものであること。 　（3）入所者が退所後生活する居宅又は社会福祉施設等を訪問し、当該訪問により把握した生活環境を踏まえたリハビリテーション計画を作成していること。 <認知症短期集中リハビリテーション実施加算（Ⅱ）>　〈現行と同じ〉 ○　認知症短期集中リハビリテーション実施加算（Ⅰ）の（1）及び（2）に該当するものであること。

(出典) 厚生労働省「令和6年度介護報酬改定における改定事項について」

第9章

次期改定を見据えて介護サービス事業者が取り組むべきこと

第1節 新LIFEのスタートで増したフィードバックの重要性への対応

　2024年4月10日をもって旧LIFEが終了し、8月1日から新LIFEがスタートしました。これは制度が変わったわけではなく、システム変更によるものです。そのため、5月から7月はLIFE加算の算定要件であるデータ提供はできず、各月の評価作業のみ実施して、8月1日から10月10日までの間で提出することとされました。

　また、新たなフィードバック票のサンプルも公開されました。新たなフィードバック票では、事業所フィードバックについては、都道府県、事業所規模、平均要介護度の各項目を設定できます。利用者フィードバックについても、都道府県、要介護度、日常生活自立度（身体機能と認知機能）の設定ができるようになりました。新たなフィードバック票の提供開始時期は今後示される予定です。

　ここで問題となるのは、今後の運営指導で指導対象になることです。これまではフィードバック票が不十分であったことを理由に、LIFEにデータを提出し単に加算だけ算定するケースが大部分でした。某市の介護保険課長いわく、旧LIFEは運営指導においてもほぼノータッチでした。しかし、多くの加算にはLIFEの活用が算定要件として位置付けられています。今後は、LIFEフィードバックの活用記録が重要となってくるでしょう。

　問題は、利用者に加算として費用を負担させながら、何も利用者に還元して来なかったことにあります。新たなフィードバック票の提供が始まった時点から、その言い訳は通じないことになるのです。

　2024年度介護報酬改定で訪問サービスと居宅介護支援へのLIFE加算の創設が見送られた要因の一つに、このシステム変更があったと思われます。そのため、2027年度改定においては訪問サービスと居宅介護支援へのLIFE加算が創設される可能性が高いと考えられます。

第2節 「介護保険施設等に対する監査マニュアル」発出により急増する運営指導対策

　2024年度介護報酬改定は、変更項目が過去最大規模の改定となりました。人員基準、運営基準はもとより、既存の加算の多くに算定要件の変更がありました。複雑化する算定要件の簡素化がテーマとなっていたこともありますが、2021年改定のあたりから既存の加算の算定要件が変更となることが増えています。

　そのため、経営者は自らセミナーに参加するなどして、最新情報にアンテナを張る必要性が増しています。

　しかも、4月に厚生労働省から各保険者に向けて「介護保険施設等に対する監査マニュアル」が発出されました（令和6年4月5日老発0405第3号）。監査実績が少ない自治体の職員も含めて活用できるように、全国的に監査の内容を平準化し、監査業務の迅速化に向けて留意すべき事項を加筆した内容となっています。

　第6章でみたとおり、昨年度より運営指導の実施件数が急増しています（**図表6-3**）。まるでコロナ禍にあった3年間の遅れを取り戻すかのような増加ぶりです。今年度以降は、さらに実施件数が増加するでしょう。それとともに監査対象案件も増え、行政処分件数も増加することが見込まれます。

　コンプライアンスの再確認が急務です。さらには、早期に内部監査システムを構築し、運営指導を前提とした定期的なチェック体制を構築することが重要です。また、年に1回程度は、外部からのチェックが入る体制も作ることで万全となります。

第3節 重要度を増す加算算定とICT化への対応

1 加算算定の重要性

(1) 「加算を算定することは儲け主義」の時代は終わった

　2024年度介護報酬改定では実質的に基本報酬の引上げが叶わなかったことから、加算算定が重要なテーマとなりました。そもそも加算とは、国が介護サービス事業者に求めるハードルに報酬を付けたものです。加算をより多く算定する介護サービス事業者は、レベルの高い事業所と評価されています。

　しかしこれまで、介護サービス事業者の中には加算の算定を敢えて避ける風潮がありました。理由は、加算の算定によって利用者の自己負担が増加することや、担当のケアマネージャーが加算算定の少ない事業者を優先する傾向があったことも影響しています。介護業界の平均利益率が8％を超えていた当時は基本報酬だけで十分な収益を確保できたため、加算を算定することは儲け主義であるといった評価が横行していたのです。

(2) 職員の負担軽減と一体的に加算算定に取り組む必要がある

　加算算定には会議や文章での伝達といった基本要件での事務負担の増加を伴うため、職員側にやらされている感があってはなかなか進みません。特に管理者やサービス提供責任者が現場に入りっぱなしの小規模事業者においては、事務負担の増加に対応できないという声も強くあります。

　そのため、加算算定によって増える事務作業の軽減策として、ICT化や賃金改善を同時並行で進めることが重要です。増収分とIT補助金を活用して介護記録用のタブレットを増やしたり見守りセンサーの導入を

進めたりする施設が多いのは、このためです。

　2024年度介護報酬改定で新たに創設された加算や上位区分を算定することができた施設には、各部門の責任者が加算算定への高い意識を持っていたという共通する特徴があります。

　こうした介護施設のトップは、シンプルに「加算をすべて算定すること」のみを指示しています。算定できていない加算は、いつまでに算定できるかを職員に考えさせています。報酬単位が3単位でも300単位でも、関係なしです。

　このようなトップがいる介護施設が確実に業績を伸ばし、ICT化にも積極的に取り組んでいて若い優秀な職員が集まることにもつながっています。職員の若返りを図るにはICT化は不可欠です。これからどうするか。思考の転換が急務です。

② 介護DXについていけない事業所が淘汰される懸念

　2024年7月8日の第153回介護保険部会において介護情報基盤が論点に上がり、2026年4月のスタートを目標とすることが示されました。

　介護情報基盤は、介護報酬請求システム、ケアプランデータ連携システムやLIFEなどの既存システムも活用した全体構成として検討が進められており、利用者、自治体、介護事業所、医療機関がそれぞれ持っている情報を登録・連携・閲覧できるものとなるよう、国民健康保険中央会が新規開発を進めています。事業所間および多職種間の連携の強化、本人の状態に合った適切なケアの提供など、介護サービスの質の向上につながることが期待されています。

　あわせて、これまで紙を使ってアナログな方法でやり取りしていた情報を電子データで共有できるようにし、業務の効率化（職員の負担軽減、情報共有の迅速化）を実現することも進められています。

　さらには、「医療DXの推進に関する工程表」（2023年6月2日医療DX推進本部決定）において、保健・医療・介護に関する情報を共有で

きる「全国医療情報プラットフォーム」を構築する中で、介護情報については2024年度からシステム開発を行った上で希望する自治体において先行実施して、2026年度から自治体システムの標準化の取組みの状況を踏まえて全国実施をしていくともされています。
　つまり、医療・介護DXによる情報共有化を2026年にスタートさせるため、今後ますますペーパーレス化が推進され、この動きについていけない事業所も淘汰される懸念が出てきていると言えます。

参考資料 報告すべき事業所又は施設の収益及び費用の内容と各会計基準上の勘定科目との対応関係の一覧（令和6年8月2日老認発0802第1号、老高発0802第1号、老老発0802第2号別紙2より）

社会福祉法人会計基準

報告すべき収益・費用の内容	対応する会計上の勘定科目	任意記載の項目
介護事業収益	サービス活動増減による収益における、介護保険事業収益（除く補助金事業収益）（公費、補助金事業収益（一般））	うち施設介護料収益、うち居宅介護料収益、うち居宅介護支援介護料収益、うち保険外収益
給与費	サービス活動増減による費用における人件費（派遣職員費を除く。） うち給与 サービス活動増減による費用における、人件費のうち、以下の合計額 ・職員給料 ・職員賞与 ・賞与引当金繰入 ・非常勤職員給与	うち役員報酬、うち退職給与引当金繰入、うち法定福利費
業務委託費	サービス活動増減による費用における、業務委託費 人件費のうち、派遣職員費	うち給食委託費
減価償却費	サービス活動増減による費用における、減価償却費	
水道光熱費	サービス活動増減による費用における、事業費のうち、以下の合計額 ・水道光熱費 ・燃料費 サービス活動増減による費用における、事務費のうち、以下の合計額 ・水道光熱費 ・燃料費	
その他費用	サービス活動増減による費用における、「給与費」「業務委託費」「減価償却費」「水道光熱費」の項目として報告したもの及び国庫補助金等特別積立金取崩額を除くもの	うち材費費、うち給食材料費、うち研修費、うち本部費、うち施設整備補助金収益、うち運営費補助金収益、うち車両費、うち控除対象外消費税等負担額 事業外収益 うち受取利息配当金収益、うち寄付金 事業外費用 うち借入金利息 特別収益 特別費用 法人税、住民税及び事業税負担額

※は、任意の記載項目とする。

報告すべき収益・費用の内容		対応する会計上の勘定科目
介護事業収益		サービス活動増減による収益における、<u>介護保険事業収益（除く補助金事業収益（公費）、補助金事業収益（一般）</u>
	うち施設介護料収益※	サービス活動増減による収益における、介護保険事業収益のうち、<u>施設介護料収益</u>
	うち居宅介護料収益※	サービス活動増減による収益における、介護保険事業収益のうち、<u>居宅介護料収益</u>及び<u>地域密着型介護料収益</u>
	うち居宅介護支援介護料収益※	サービス活動増減による収益における、介護保険事業収益のうち、<u>居宅介護支援介護料収益</u>
	うち保険外収益※	サービス活動増減による収益における、介護保険事業収益のうち、<u>利用者等利用料収益</u>
介護事業費用	給与費	サービス活動増減による費用における、<u>人件費（派遣職員費を除く。）</u>
	うち給与	サービス活動増減による費用における、人件費のうち、以下の合計額 ・<u>職員給料</u> ・<u>職員賞与</u> ・<u>賞与引当金繰入</u> ・<u>非常勤職員給与</u>
	うち役員報酬※	サービス活動増減による費用における、人件費のうち、<u>役員報酬、役員退職慰労金及び役員退職慰労引当金</u>
	うち退職給与引当金繰入※	サービス活動増減による費用における、人件費のうち、<u>退職給付費用</u>
	うち法定福利費※	サービス活動増減による費用における、人件費のうち、<u>法定福利費</u>
	業務委託費	サービス活動増減による費用における、以下の合計額 ・事務費のうち、<u>業務委託費</u> ・人件費のうち、<u>派遣職員費</u>

		うち給食委託費※	－
		減価償却費	サービス活動増減による費用における、減価償却費
		水道光熱費	サービス活動増減による費用における、事業費のうち、以下の合計額 ・水道光熱費 ・燃料費 サービス活動増減による費用における、事務費のうち、以下の合計額 ・水道光熱費 ・燃料費
		その他費用	サービス活動増減による費用における、「給与費」「業務委託費」「減価償却費」「水道光熱費」の項目として報告したもの及び国庫補助金等特別積立金取崩額を除くもの
		うち材料費※	サービス活動増減による費用における、事業費のうち、以下の合計額 ・給食費 ・介護用品費 ・医薬品費 ・診療・療養等材料費
		うち給食材料費※	サービス活動増減による費用における、事業費のうち、給食費
		うち研修費※	サービス活動増減による費用における、事務費のうち、研修研究費
		うち本部費※	－
		うち車両費※	サービス活動増減による費用における、事業費のうち、車輌費
		うち控除対象外消費税等負担額※	－

事業外収益※		以下の合計額 ・サービス活動増減による収益における、介護保険事業収益のうち、<u>補助金事業収益（公費）、補助金事業収益（一般）</u> ・<u>サービス活動外増減による収益</u> ・サービス活動増減による費用における、<u>国庫補助金等特別積立金取崩額（正の額として換算）</u> ・サービス活動増減による収益における、<u>経常経費寄付金収益</u>
	うち受取利息配当金※	サービス活動外増減による収益における、<u>受取利息配当金収益</u>
	うち運営費補助金収益※	サービス活動増減による収益における、介護保険事業収益のうち、<u>補助金収益（公費）、補助金事業収益（一般）</u>
	うち施設整備補助金収益※	サービス活動増減による費用における、<u>国庫補助金等特別積立金取崩額（正の額として換算）</u>（注１）
	うち寄付金※	サービス活動増減による収益における、<u>経常経費寄付金収益</u>
事業外費用※		<u>サービス活動外増減による費用</u>
	うち借入金利息※	サービス活動外増減による費用における、<u>支払利息</u>
特別収益※		<u>特別増減による収益</u>
特別費用※		<u>特別増減による費用</u>
法人税、住民税及び事業税負担額※		―

（注１）社会福祉法人会計基準上、「国庫補助金等特別積立金取崩額」は費用として取り扱われているところであるが、本制度においては便宜上、「事業外収益」として取り扱う。

病院会計準則及び医療法人会計基準

報告すべき収益・費用の内容	対応する会計上の勘定科目	任意記載の項目
介護事業収益	医業収益	うち施設介護料収益、うち居宅介護料収益、うち居宅介護支援介護料収益、うち保険外収益
給与費	医業費用における、給与費 うち給与 医業費用における、給与費のうち、以下の合計額 ・給料 ・賞与 ・賞与引当金繰入額	うち役員報酬、うち退職給与引当金繰入、うち法定福利費
業務委託費	医業費用における、委託費	うち給食委託費
減価償却費	医業費用における、設備関係費のうち、減価償却費	
水道光熱費	医業費用における、経費のうち、水道光熱費	
その他の費用	医業費用のうち、「給与費」「業務委託費」「減価償却費」「水道光熱費」の項目として報告したものを除くもの	うち材料費、うち給食材料費、うち修繕費、うち研修費、うち本部費、うち車両費、うち控除対象外消費税等負担額 事業外収益　医業外収益 うち受取利息配当金、うち運営費補助金収益、うち施設整備補助金収益、うち寄付金 事業外費用　医業外費用 うち借入金利息 特別収益 特別費用 法人税、住民税及び事業税負担額

（※）本通知の第２（４）にあるとおり、「医業収益」「医業費用」に係る事項を含め、報告に当たっては、介護サービス事業に係る事項のみを対象とすることを基本とする。ただし、医療・障害福祉サービスに係る事業を併せて実施する事業所・施設にあっては、別紙１の４（３）〜（７）に掲げる事項について併せて報告がある場合には、当該事業に係る部分について、除外せずに報告しても差し支えないものとする。

※は、任意記載の項目とする。

報告すべき収益・費用の内容			対応する会計上の勘定科目
介護事業収益			医業収益
	うち施設介護料収益※		―
	うち居宅介護料収益※		―
	うち居宅介護支援介護料収益※		―
	うち保険外収益※		―
介護事業費用	給与費		医業費用における、給与費
		うち給与	医業費用における、給与費のうち、以下の合計額 ・給料 ・賞与 ・賞与引当金繰入額
		うち役員報酬※	―
		うち退職給与引当金繰入※	医業費用における、給与費のうち、退職給付費用
		うち法定福利費※	医業費用における、給与費のうち、法定福利費
	業務委託費		医業費用における、委託費
		うち給食委託費※	医業費用における、委託費のうち、給食委託費
	減価償却費		医業費用における、設備関係費のうち、減価償却費

	水道光熱費		医業費用における、経費のうち、<u>水道光熱費</u>
	その他費用		医業費用のうち、「給与費」「業務委託費」「減価償却費」「水道光熱費」の項目として報告したものを除くもの
		うち材料費※	医業費用における、<u>材料費</u>
		うち給食材料費※	医業費用における、材料費のうち、<u>給食用材料費</u>
		うち研修費※	医業費用における、研修研究費のうち、<u>研修費</u>
		うち本部費※	医業費用における、経費のうち、<u>本部費配賦額</u>
		うち車両費※	—
		うち控除対象外消費税等負担額※	医業費用における、経費のうち、<u>控除対象外消費税等負担額</u>
事業外収益※			<u>医業外収益</u>
	うち受取利息配当金※		医業外収益における、<u>受取利息及び配当金</u>
	うち運営費補助金収益※		医業外収益における、<u>運営費補助金収益</u>
	うち施設整備補助金収益※		医業外収益における、<u>施設設備補助金収益</u>
	うち寄付金※		—
事業外費用※			医業外費用
	うち借入金利息※		医業外費用における、<u>支払利息</u>
特別収益※			<u>臨時収益</u>
特別費用※			<u>臨時費用</u>
法人税、住民税及び事業税負担額※			<u>法人税、住民税及び事業税負担額</u>

③ 介護老人保健施設会計・経理準則及び介護医療院会計・経理準則

報告すべき収益・費用の内容	対応する会計上の勘定科目	任意記載の項目
介護事業収益	施設運営事業収益	うち施設介護料収益、うち居宅介護料収益、うち居宅介護支援介護料収益、うち保険外収益
給与費	給与費 施設運営事業費用における、給与費 施設運営事業費用における、役員報酬 うち給与 施設運営事業費用における、給与費のうち常勤職員給与 施設運営事業費用における、給与費のうち非常勤職員給与	うち役員報酬、うち退職給与引当金繰入、うち法定福利費
業務委託費	施設運営事業費用における、委託費	うち給食委託費
減価償却費	施設運営事業費用における、減価償却費	
水道光熱費	施設運営事業費用における、経費のうち、光熱水費	
その他費用	施設運営事業費用における、「給与費」「業務委託費」「減価償却費」「水道光熱費」の項目として報告したものを除くもの	事業外収益 うち受取利息配当金、うち運営費補助金収益、うち施設整備補助金収益、うち寄付金 事業外費用 うち借入金利息 特別収益 特別費用 法人税、住民税及び事業税負担額

202 参考資料

※は、任意記載の項目とする。

報告すべき収益・費用の内容			対応する会計上の勘定科目
介護事業収益			施設運営事業収益
	うち施設介護料収益※		施設運営事業収益における、介護保健施設介護料収益 施設運営事業収益における、介護医療院介護料収益
	うち居宅介護料収益※		施設運営事業収益における、居宅介護料収益
	うち居宅介護支援介護料収益※		施設運営事業収益における、居宅介護支援介護料収益
	うち保険外収益※		施設運営事業収益における、利用者等利用料収益
介護事業費用	給与費		施設運営事業費用における、給与費 施設運営事業費用における、役員報酬
		うち給与	施設運営事業費用における、給与費のうち常勤職員給与 施設運営事業費用における、給与費のうち非常勤職員給与
		うち役員報酬※	施設運営事業費用における、役員報酬
		うち退職給与引当金繰入※	施設運営事業費用における、給与費のうち退職給与引当金繰入
		うち法定福利費※	施設運営事業費用における、給与費のうち法定福利費
	業務委託費		施設運営事業費用における、委託費
	うち給食委託費※		ー
	減価償却費		施設運営事業費用における、減価償却費
	水道光熱費		施設運営事業費用における、経費のうち、光熱水費
	その他費用		施設運営事業費用における、「給与費」「業務委託費」「減価償却費」「水道光熱費」の項目として報告したものを除くもの

		うち材料費※	施設運営事業費用における、<u>材料費</u>
		うち給食材料費※	施設運営事業費用における、材料費のうち、<u>給食用材料費</u>
		うち研修費※	施設運営事業費用における、<u>研修費</u>
		うち本部費※	施設運営事業費用における、<u>本部費</u>
		うち車両費※	施設運営事業費用における、経費のうち、<u>車両費</u>
		うち控除対象外消費税等負担額※	―
	事業外収益※		<u>施設運営事業外収益</u>
	うち受取利息配当金※		施設運営事業外収益における、<u>受取利息配当金</u>
	うち運営費補助金収益※		―
	うち施設整備補助金収益※		―
	うち寄付金※		―
	事業外費用※		<u>施設運営事業外費用</u>
	うち借入金利息※		施設運営事業外費用における、<u>支払利息</u>
	特別収益※		<u>特別利益</u>
	特別費用※		<u>特別損失</u>
法人税、住民税及び事業税負担額※			<u>法人税等</u>

指定老人訪問看護の事業及び指定訪問看護の事業の会計経理準則

報告すべき収益・費用の内容	対応する会計上の勘定科目	任意記載の項目
介護事業収益	事業収益	うち施設介護料収益、うち居宅介護料収益、うち居宅介護支援介護料収益、うち保険外収益
給与費	給与費 事業費用における、給与費 うち給与 事業費用における、給与費のうち、常勤職員給与 事業費用における、給与費のうち、非常勤職員給与	うち役員報酬、うち退職給与引当金繰入、うち法定福利費
業務委託費	事業費用における、委託費	うち給食委託費
減価償却費	事業費用における、減価償却費	
水道光熱費	事業費のうち、経費のうち、光熱水費	
その他費用	施設運営事業費用の項目における、「給与費」「業務委託費」「減価償却費」「水道光熱費」の項目として報告したものを除くもの	うち材料費、うち給食材料費、うち研修費、うち本部費、うち車両費、うち除対象外消費税等負担額 事業外収益 うち受取利息配当金、うち運営費補助金収益、うち施設整備補助金収益、うち寄付金 事業外費用 うち借入金利息 特別収益 特別費用 法人税、住民税及び事業税負担額

（※）本通知の第2（4）にあるとおり、「医業収益」「医業費用」に係る事項を含め、報告に当たっては、介護サービス事業に係る事項のみを対象とすることを基本とする。ただし、医療・障害福祉サービスに係る事業を併せて実施する事業所・施設にあっては、別紙1の4（3）～（7）に掲げる事項について併せて報告がある場合には、当該事業に係る部分について、除外せずに報告しても差し支えないものとする。

※は、任意記載の項目とする。

報告すべき収益・費用の内容			対応する会計上の勘定科目
介護事業収益			事業収益
	うち施設介護料収益※		－
	うち居宅介護料収益※		－
	うち居宅介護支援介護料収益※		－
	うち保険外収益※		－
介護事業費用	給与費		事業費用における、給与費 事業費用における、役員報酬
		うち給与	事業費用における、給与費のうち、常勤職員給与 事業費用における、給与費のうち、非常勤職員給与
		うち役員報酬※	事業費用における、役員報酬
		うち退職給与引当金繰入※	事業費用における、給与費のうち、退職給与引当金繰入
		うち法定福利費※	事業費用における、給与費のうち、法定福利費
	業務委託費		事業費用における、委託費
		うち給食委託費※	－
	減価償却費		事業費用における、減価償却費
	水道光熱費		事業費用における、経費のうち、光熱水費

	その他費用		事業費用における、「給与費」「業務委託費」「減価償却費」「水道光熱費」の項目として報告したものを除くもの
		うち材料費※	事業費用のうち、<u>材料費</u>
			うち給食材料費※	—
		うち研修費※	事業費用における、<u>研修費</u>
		うち本部費※	事業費用における、<u>本部費</u>
		うち車両費※	事業費用における、経費のうち、<u>車両費</u>
		うち控除対象外消費税等負担額※	—
	事業外収益※		事業外収益
	うち受取利息配当金※		事業外収益における、<u>受取利息配当金</u>
	うち運営費補助金収益※		—
	うち施設整備補助金収益※		—
	うち寄付金※		—
	事業外費用※		事業外費用
	うち借入金利息※		事業外費用における、<u>支払利息</u>
	特別収益※		<u>特別利益</u>
	特別費用※		<u>特別損失</u>
法人税、住民税及び事業税負担額※			法人税等

⑤ NPO法人会計基準

報告すべき収益・費用の内容	対応する会計上の勘定科目	任意記載の項目
介護事業収益	介護事業収益	うち施設介護料収益、うち居宅介護料収益、うち居宅介護支援介護料収益、うち保険外収益
給与費	給料費 事業費における、人件費(福利厚生費を除く。) うち給与 事業費における、人件費のうち、以下の合計額 ・給料手当 ・臨時雇賃金 ・ボランティア評価費用 ・通勤費	うち役員報酬、うち退職給与引当金繰入、うち法定福利費
業務委託費	事業費における、その他経費のうち、業務委託費	うち給食委託費
減価償却費	事業費における、その他経費のうち、減価償却費	
水道光熱費	事業費における、その他経費のうち、水道光熱費	
その他費用	事業費及び管理費のうち「給与費」「業務委託費」「減価償却費」「水道光熱費」の項目として報告したもの及び、支払利息並びに為替差損を除くもの	うち材料費、うち給食材料費、うち研修費、うち本部費、うち車両費、うち控除対象外消費税等負担額 事業外収益 うち受取利息配当金、うち運営費補助金収益、うち施設整備補助金収益、うち寄付金 事業外費用 うち借入金利息 特別収益 特別費用 法人税、住民税及び事業税負担額

208 参考資料

(※)本通知の第2（4）にあるとおり、報告に当たっては、介護サービス事業に係る事項のみを対象とすることを基本とする。ただし、医療・障害福祉サービスに係る事業を併せて実施する事業所・施設にあっては、別紙1の4（3）〜（7）に掲げる事項について併せて報告がある場合には、当該事業に係る部分について、除外せずに報告しても差し支えないものとする。

※は、任意記載の項目とする。

報告すべき収益・費用の内容			対応する会計上の勘定科目
介護事業収益			介護事業収益
	うち施設介護料収益※		ー
	うち居宅介護料収益※		ー
	うち居宅介護支援介護料収益※		ー
	うち保険外収益※		ー
介護事業費用	給与費		事業費における、人件費（福利厚生費を除く。）
		うち給与	事業費における、人件費のうち、以下の合計額 ・給料手当 ・臨時雇賃金 ・ボランティア評価費用 ・通勤費
		うち役員報酬※	事業費における、人件費のうち、役員報酬
		うち退職給与引当金繰入※	事業費における、人件費のうち、退職給付費用
		うち法定福利費※	事業費における、人件費のうち、法定福利費
	業務委託費		事業費における、その他経費のうち、業務委託費
		うち給食委託費※	ー
	減価償却費		事業費における、その他経費のうち、減価償却費

NPO法人会計基準

		水道光熱費	事業費における、その他経費のうち、水道光熱費
		その他費用	事業費及び管理費のうち、「給与費」「業務委託費」「減価償却費」「水道光熱費」の項目として報告したもの及び、支払利息並びに為替差損を除くもの
		うち材料費※	－
		うち給食材料費※	－
		うち研修費※	事業費における、その他経費のうち、<u>研修費</u>
		うち本部費※	<u>管理費（除く支払利息、為替差損）</u>
		うち車両費※	事業費における、その他経費のうち、<u>車両費</u>
		うち控除対象外消費税等負担額※	－
	事業外収益※		経常収益のうち、事業収益を除くもの
	うち受取利息配当金※		経常収益における、その他収益のうち、<u>受取利息</u>
	うち運営費補助金収益※		－
	うち施設整備補助金収益※		－
	うち寄付金※		経常収益における、受取寄付金のうち、<u>受取寄付金（除く資産受贈益、施設等受入評価益、ボランティア受入評価益）</u>
	事業外費用※		事業費のうち、その他経費における、<u>支払利息</u> 事業費のうち、その他経費における、<u>為替差損</u>
			管理費のうち、その他経費における、<u>支払利息</u>

	うち借入金利息※	事業費のうち、その他経費における、<u>支払利息</u> 管理費のうち、その他経費における、<u>支払利息</u>
特別収益※		<u>経常外収益</u>
特別費用※		<u>経常外費用</u>
法人税、住民税及び事業税負担額※		－

6 指定介護老人福祉施設等会計処理等取扱指導指針

報告すべき収益・費用の内容	対応する会計上の勘定科目	任意記載の項目
介護事業収益	事業活動収入における、補助金収入（除く国庫補助金等特別積立金取崩額）	うち施設介護料収益、うち居宅介護料収益、うち居宅介護支援介護料収益、うち保険外収益
給与費	事業活動支出における、人件費及び引当金繰入（賞与引当金繰入及び退職給与引当金繰入に限る。）の合計額	
	うち給与	
	事業活動支出における、人件費のうち、職員俸給、職員諸手当及び非常勤職員給与並びにこにに引当金繰入のうち、賞与引当金繰入の合計額	うち役員報酬、うち退職給与引当金繰入、うち法定福利費
業務委託費	事業活動支出における、経費（一般管理費）のうち、委託費	うち給食委託費
減価償却費	事業活動支出における、減価償却費	
水道光熱費	事業活動支出における、経費（直接介護費）のうち、光熱水費及び燃料費	
その他費用	事業活動支出における、「給与費」「業務委託費」「減価償却費」「水道光熱費」の項目として報告したものを除くもの	うち材料費、うち給食材料費、うち研修費、うち本部費、うち車両費、うち控除対象外消費税等負担額
		事業外収益 うち受取利息配当金収益、うち運営費補助金収益、うち施設整備補助金収益、うち寄付金
		事業外費用 うち借入金利息
		特別収益
		特別費用 法人税、住民税及び事業税負担額

※は、任意記載の項目とする。

報告すべき収益・費用の内容			対応する会計上の勘定科目
介護事業収益			事業活動収入（除く補助金収入、国庫補助金等特別積立金取崩額）
	うち施設介護料収益※		事業活動収入における、介護福祉施設介護料収入
	うち居宅介護料収益※		事業活動収入における、居宅介護料収入
	うち居宅介護支援介護料収益※		事業活動収入における、居宅介護支援介護料収入
	うち保険外収益※		事業活動収入における、利用者等利用料収入
介護事業費用	給与費		事業活動支出における、人件費及び引当金繰入（賞与引当金繰入及び退職給与引当金繰入に限る。）の合計額
		うち給与	事業活動支出における、人件費のうち、職員俸給、職員諸手当及び非常勤職員給与並びに引当金繰入のうち、賞与引当金繰入の合計額
		うち役員報酬※	事業活動支出における、人件費のうち、役員報酬
		うち退職給与引当金繰入※	事業活動支出における、人件費のうち、退職金、退職共済掛金及び引当金繰入のうち、退職給与引当金繰入の合計額
		うち法定福利費※	事業活動支出における、人件費のうち、法定福利費
	業務委託費		事業活動支出における、経費（一般管理費）のうち、委託費
		うち給食委託費※	－
	減価償却費		事業活動支出における、減価償却費
	水道光熱費		事業活動支出における、経費（直接介護費）のうち、光熱水費及び燃料費
	その他費用		事業活動支出における、「給与費」「業務委託費」「減価償却費」「水道光熱費」の項目として報告したものを除くもの

指定介護老人福祉施設等会計処理等取扱指導指針

		うち材料費※	事業活動支出における、経費（直接介護費）のうち、以下の合計額 ・給食材料費 ・介護用品費 ・医薬品費
		うち給食材料費※	事業活動支出における、経費（直接介護費）のうち、給食材料費
		うち研修費※	事業活動支出における、経費（一般管理費）のうち、研修費
		うち本部費※	－
		うち車両費※	事業活動支出における、経費（直接介護費）のうち、車輌費
		うち控除対象外消費税等負担額※	－
	事業外収益※		事業活動外収入及び事業活動収入（補助金収入及び国庫補助金等特別積立金取崩額に限る。）
	うち受取利息配当金※		事業活動外収入における、受取利息配当金
	うち運営費補助金収益※		事業活動収入における、補助金収入
	うち施設整備補助金収益※		事業活動収入における、国庫補助金等特別積立金取崩額
	うち寄付金※		事業活動外収入における、寄付金収入
	事業外費用※		事業活動外支出
	うち借入金利息※		事業活動外支出における、借入金利息
	特別収益※		特別収入
	特別費用※		特別支出
法人税、住民税及び事業税負担額※			－

その他（企業会計原則、公益法人会計基準 等）

報告すべき収益・費用の内容	対応する会計上の勘定科目	任意記載の項目
介護事業収益	介護事業収益	うち施設介護料収益、うち居宅介護料収益、うち居宅介護支援介護料収益、うち保険外収益
給与費	給与費 給与に係る費用 うち給与 職員に支払う俸給、諸手当及び賞与	うち役員報酬、うち退職給与引当金繰入、うち法定福利費
業務委託費	洗濯、清掃、夜間警備及び給食（給食材料費を除く）など事業所の業務の一部を他に委託するための費用や派遣会社に支払う金額	うち給食委託費
減価償却費	固定資産の減価償却の額	
水道光熱費	利用者に直接必要な電気、ガス、水道、灯油、重油等の費用やこれらを事務所に用いる際の費用	
その他費用	介護事業費用のうち、「給与費」「業務委託費」「減価償却費」「水道光熱費」の項目として報告したもの以外の多くのもの	うち材料費、うち給食材料費、うち研修費、うち本部費、うち車両費、うち控除対象外消費税等負担額 事業外収益 うち受取利息配当金、うち運営費補助金収益、うち施設整備補助金収益、うち寄付金 事業外費用 うち借入金利息 特別収益 特別費用 法人税、住民税及び事業税負担額

（注）前記1～6の会計基準を採用されている事業者においても、どの項目に含めるか判断に迷う場合は、以下を参考にされたい。

※は、任意記載の項目とする。

報告すべき収益・費用の内容			対応する会計上の勘定科目
介護事業収益			介護事業収益に係る収益
	うち施設介護料収益※		介護保険施設にかかる介護報酬収益、利用者負担収益
	うち居宅介護料収益※		介護保険上の居宅サービスに係る介護報酬収益、利用者負担収益
	うち居宅介護支援介護料収益※		居宅介護支援及び介護予防支援に係る介護報酬収益
	うち保険外収益※		介護保険サービスの利用者等利用料収益、食費や居住費収益等
介護事業費用	給与費		給与に係る費用
		うち給与	職員に支払う俸給、諸手当及び賞与
		うち役員報酬※	役員（評議員を含む）に支払う報酬、諸手当
		うち退職給与引当金繰入※	職員に対する退職一時金、退職年金等将来の退職給付のうち、当該会計期間の負担に属する金額
		うち法定福利費※	法令に基づいて法人が負担する健康保険料、厚生年金保険料、雇用保険料等の費用
	業務委託費		洗濯、清掃、夜間警備及び給食（給食材料費を除く）など事業所の業務の一部を他に委託するための費用や派遣会社に支払う金額
		うち給食委託費※	委託費のうち、給食を他に委託するための費用
	減価償却費		固定資産の減価償却の額
	水道光熱費		利用者に直接必要な電気、ガス、水道、灯油、重油等の費用やこれらを事務用に用いる際の費用

	その他費用		介護事業費用のうち、「給与費」「業務委託費」「減価償却費」「水道光熱費」の項目として報告したものを除くもの
		うち材料費※	利用者給食のための食材及びおむつ、タオル等の介護用品、医薬品の費用、カテーテル、ガーゼなどの1回毎に消費する診療材料、衛生材料の消費額
		うち給食材料費※	利用者給食のための食材及び食品の費用
		うち研修費※	役員・職員に対する教育訓練に直接要する費用
		うち本部費※	本部会計を設けた場合の、一定の配賦基準で配賦された本部の費用
		うち車両費※	乗用車、送迎用自動車、救急車等の燃料費、車両検査等の費用
		うち控除対象外消費税等負担額※	仮払い消費税のうち、仕入控除の対象外となった金額　※税抜会計の場合のみ計上
	事業外収益※		通常の事業以外の活動から経常的に発生する収益
	うち受取利息配当金※		預貯金、有価証券、貸付金等の利息及び出資金等に係る配当金等の収益
	うち運営費補助金収益※		事業の運営に係る補助金、負担金
	うち施設整備補助金収益※		施設設備に係る補助金、負担金のうち、当該会計期間に配分された金額
	うち寄付金※		経常経費に対する寄付金
	事業外費用※		通常の事業以外の活動から経常的に発生する費用
		うち借入金利息※	設備資金借入金、長期運営資金借入金及び短期運営資金借入金の利息、及び支払リース料のうち利息相当額として処理するもの

その他（企業会計原則、公益法人会計基準 等）

特別収益※	通常の事業活動以外に臨時的・突発的に発生した収益
特別費用※	通常の事業活動以外に臨時的・突発的に発生した費用
法人税、住民税及び事業税負担額※	法人税、住民税及び事業税のうち、当該会計年度の負担に属するものとして計算された金額

⑧ 介護サービス事業者経営情報の報告等に関するシステムに係る各種情報

URLの右に表示されているQRコードを読み込むと、下記の情報を見ることができます。

● 本書の内容に関する追加情報

https://www.horei.co.jp/book/osirasebook.shtml

● 介護保険最新情報Vol.1330『介護サービス事業者経営情報の報告等に関するシステムに係る運用マニュアル等の発出について（事務連絡）』

https://www.mhlw.go.jp/content/001341935.pdf

● 介護サービス事業者経営情報データベースシステム操作方法説明動画

https://www.youtube.com/watch?v=8yYa2tckrGw

● 介護サービス事業者経営情報データベースシステム操作マニュアル（介護事業所向け）

https://www.mhlw.go.jp/content/12300000/001341115.pdf

● 介護サービス事業者経営情報データベースシステム操作方法説明スライド

https://www.mhlw.go.jp/content/12300000/001342046.pdf

● 介護経営ＤＢかんたん操作ガイド（ファイル登録版）

https://www.mhlw.go.jp/content/12300000/001340931.pdf

● 介護経営ＤＢかんたん操作ガイド（画面入力版）

https://www.mhlw.go.jp/content/12300000/001340930.pdf

● 介護サービス事業者の経営情報の報告・公表 リーフレット

https://www.mhlw.go.jp/content/12300000/001340929.pdf

著者略歴

小濱　道博（こはま　みちひろ）
小濱介護経営事務所代表
北海道札幌市出身。全国で介護事業の経営コンサルティング、コンプライアンス支援を手がける。近年は、全国の介護保険施設にてBCP作成および生産性向上コンサルティングを中心に活動。多くの支援実績を有する。介護経営セミナーの講師実績は、北海道から沖縄まで全国で年間250件以上。個別相談、個別指導も全国で実施。全国の介護保険課、介護関連の各協会、社会福祉協議会、介護労働安定センター等主催の講演会での講師実績も多数。C-MAS介護事業経営研究会　最高顧問、C-SR一般社団法人医療介護経営研究会専務理事なども兼ねる。著書の多くは、Amazonなどでベストセラーとなっている。専門誌への連載、寄稿も多数ある。

本島　傑（もとじま・すぐる）
税理士法人日本経営介護福祉事業部副部長
立教大学卒業後、2008年に税理士法人近畿合同会計事務所（現：税理士法人日本経営）に入社。
主に社会福祉法人や介護福祉事業の会計監査及び経営助言業務に従事。その他、介護福祉事業の財務・事業デューデリジェンスや経営計画策定支援も担っている。
2013年からは各種団体にて社会福祉法人向けの経営管理、介護報酬関係のセミナー講師を多数務める。
医療・介護・障害福祉サービスのトリプル改定となった直近年度においては、年間延べ4,000名を超える方々が受講した。

購入者特典セミナー動画の視聴に関するご案内

　セミナーは、ライブ配信、録画配信いずれの方法でもご視聴いただくことができます。目次の後にてご案内しているURLにアクセスの上、下記を入力してご視聴ください。

【ライブ配信視聴登録用】
ウェビナーID：874 8923 1397
パスコード：718618

※ライブ配信のご視聴可能時間は2024年12月24日（火）14時〜16時です。

【録画配信視聴用】
ID：20241224kaigo
パスワード：ftGNPVzvfFSfYeyp

ライブ配信にてご視聴になる方

❶　本セミナーは、オンライン会議ツール Zoom を使って開催いたします。インターネットブラウザ（Microsoft Edge、Google Chrome、Fire Fox 、等）でも視聴可能ですが、あらかじめ Zoom アプリをダウンロードのうえ、ご視聴になることをお勧めいたします。

❷　目次の後にてご案内している URL にアクセスの上、前ページにてご案内しているパスコード等を入力して視聴登録をします。

❸　セミナー当日の13時30分以降にご入室いただくと、待機画面が表示されています。開始時刻になると自動的に画面が切り替わりますので、そのままお待ちください。

※セキュリティソフトウェア等の機能により配信システムがうまく機能しない場合がございます。その他回線トラブル等によりうまく視聴できない場合等は、録画配信をご視聴ください。

録画配信にてご視聴になる方

❶　目次の後にてご案内しているURLにアクセスの上、前ページにてご案内しているパスコード等を入力し、ログインボタンをクリックします。

❷　再生ページに切り替わりますので、動画画面の左下に表示されている再生ボタンを押してご視聴ください。

❸　録画配信では、任意の時間へ戻ったり飛ばしたりすることができるほか、再生速度を0.25〜2.0倍の間で選んでご視聴いただくことができます。

介護サービス事業者
経営情報の報告義務化対応ハンドブック　令和6年12月20日　初版発行

〒101-0032
東京都千代田区岩本町1丁目2番19号
https://www.horei.co.jp/

著　者	小　濱　道　博	
	本　島　鉱　傑	
発行者	青　木　鉱　太	
編集者	岩　倉　春　光	
印刷所	丸　井　工　文　社	
製本所	国　宝　社	

検印省略

（営　業）	TEL	03-6858-6967	Eメール	syuppan@horei.co.jp
（通　販）	TEL	03-6858-6966	Eメール	book.order@horei.co.jp
（編　集）	FAX	03-6858-6957	Eメール	tankoubon@horei.co.jp

（オンラインショップ）　https://www.horei.co.jp/iec/
（お詫びと訂正）　https://www.horei.co.jp/book/owabi.shtml
（書籍の追加情報）　https://www.horei.co.jp/book/osirasebook.shtml

※万一、本書の内容に誤記等が判明した場合には、上記「お詫びと訂正」に最新情報を掲載しております。ホームページに掲載されていない内容につきましては、FAXまたはEメールで編集までお問合せください。

・乱丁、落丁本は直接弊社出版部へお送りくだされば取替えいたします。
・JCOPY〈出版者著作権管理機構 委託出版物〉
本書の無断複製は著作権法上での例外を除き禁じられています。複製される場合は、そのつど事前に、出版者著作権管理機構（電話 03-5244-5088、FAX 03-5244-5089、e-mail：info@jcopy.or.jp）の許諾を得てください。また、本書を代行業者等の第三者に依頼してスキャンやデジタル化することは、たとえ個人や家庭内での利用であっても一切認められておりません。

© M. Kohama, S. Motojima 2024. Printed in JAPAN
ISBN 978-4-539-73082-9